20歳の自分に受けさせたい文章講義

古賀史健

星海社

9
SEIKAISHA SHINSHO

No.

Date

「書く技術」は、

一生使える"武器"になる

受けさせたい講義

第2講
構成は「眼」で考える

第3講
読者の「椅子」に座る

第4講
原稿に「ハサミ」を入れる

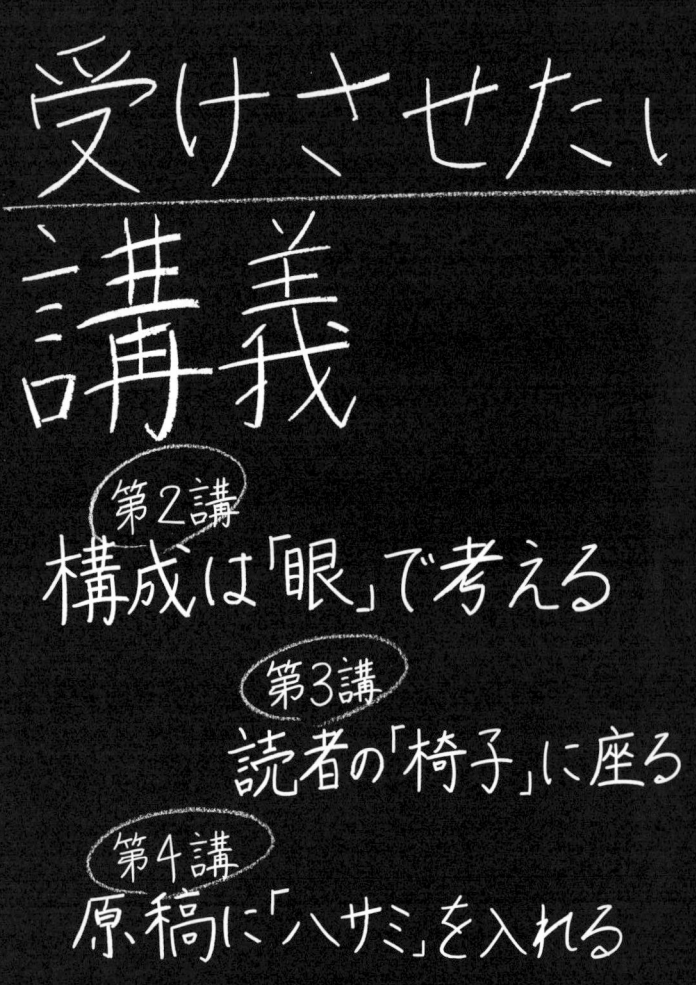

20歳の自分に

文章

ガイダンス
その気持ちを「翻訳」しよう

第1講
文章は「リズム」で決まる

はじめに　「話せるのに書けない！」のはなぜか？

文章がうまくなる必要なんてない

まず最初に、本書の目標を明らかにしておこう。

ぼくは〝書くこと〟を職業とする、現役のフリーランスライターだ。そしてタイトルからもわかるように、本書は〝文章の書き方〟について語られた一冊である。ということは、つまり、本書の目標は「文章がうまくなること」なのだろうか？

残念ながら、少し違う。

文章が「うまく」なる必要などない。

本書が第一の目標とするのは、「話せるのに書けない！」を解消することだ。より正確にいうなら〝話し言葉〟と〝書き言葉〟の違いを知り、その距離を縮めることである。

どういうことか、説明しよう。

文章の得意な人は、平気な顔をして「文章なんて、話すように書けばいいんだよ。話すのも書くのも、同じ日本語じゃないか」と言う。

しかし、このアドバイスはまったく役に立たない。話すように書けるのなら、誰も苦労しないだろう。**文章の苦手な人が悩んでいるのは「話せるのに書けない！」というもどかしさなのだ。**

誰だって、話すことはできる。感情にまかせて口喧嘩《くちげんか》することも、気のおけない仲間たちと夜通し語り合うことだってできる。日本語を使って意思や感情を表現することに、これといって不自由を感じない。時間が許すのなら、いつまでもしゃべっていたいとさえ思っている。

にもかかわらず、メールの一通すら「書けない！」のだ。

ここではっきりとさせておこう。**「話すこと」と「書くこと」は、まったく別の行為だ。**決して「同じ日本語じゃないか」などとひとつの土俵《どひょう》で語ってはいけない。

こう考えてほしい。

言葉を話すとき、あなたは〝テレビ〟である。

満面の笑みを見せることもできるし、怒鳴り声を上げることもできる。自分の気持ちを、言葉、表情、声、身振りなど、さまざまな道具を使って伝えることができる。実際そうやって話しているし、相手も素直に理解してくれるだろう。

一方、文章を書くときのあなたは〝新聞〟である。

喜怒哀楽《きどあいらく》を表情で伝えることもできないし、怒りに震える声を聞かせることもできない。テレビどころか〝ラジオ〟ですらないのだ。使える道具は、言葉（文字）だけ。声や表情などの使い慣れた武器をすべて奪われ、ただ言葉という棒きれ一本で勝負しろと迫られる。自分の気持ちを正確に伝えるのはかなり困難で、「言葉だけ」で読まされる読者からしても、理解するのは難しいはずだ。

テレビディレクターから新聞記者に転身すること。「話すこと」と「書くこと」の違いは、それくらい大きいのである。

「話し言葉」を「書き言葉」に変換するノウハウ

じゃあ、どうすれば自分の気持ちを「言葉だけ」で伝えることができるのか？

日常会話では表情や声に乗せていた〝感情〟を、どうやって言葉に落とし込むのか？

大学や大手予備校の先生方ではなく、ぼくが本書を書くべき理由は、たぶんこの一点に絞られる。

なぜなら、ぼくはライターなのだ。

各方面で活躍されている方々にインタビューをして、取材現場で語られる生き生きとした「話し言葉」を、原稿という「書き言葉」に変換する。しかも、できるだけわかりやすい書き言葉に変換する。それがぼくの仕事だ。

当然、インタビューとして語られた言葉を書き起こすだけでなく、取材相手の表情、声、あるいは沈黙なども読み取って、そこに込められた「言葉として語られなかったこと」までも原稿にしていかなければならない。

ライターの仕事を始めて15年、書籍づくりに携《たずさ》わるようになって10年近くが経つが、ぼくが一貫して続けてきたのは、まさに「話し言葉」を「書き言葉」に変換することであり、「言葉として語られなかったこと」を言葉に変換することだった。

今回、ぼくは本書のなかで〝文章の授業〟に挑戦したいと思う。**これまで自分がライターとして蓄積してきた「話し言葉から書き言葉へ」のノウハウを、余すところなく伝える現場からの授業だ。**

簡単に自己紹介しておこう。

15年前、ぼくは小さな出版社に就職し、その翌年にはフリーライターとして独立した。これといったコネもなく、業界経験も1年未満での独立だ。まともな仕事などあるわけがない。フリーになって最初に請《う》け負った仕事は、旅行会社のチラシに掲載される日帰りバスツアーの案内文だった。

しかしその後、少しずつ一般誌やビジネス誌での仕事が入るようになり、この10年ほどは、毎年平均10冊以上、合計で80冊以上の書籍づくりにライターとして携わってきた。

年間10冊といえば、少なく見積もっても毎年原稿用紙3000枚以上の文章を書いてきた計算になる。われながら気が遠くなる数字だ。

なかには10万部、20万部を超えるベストセラーとなった本も多数あり、インタビュー集である『16歳の教科書』シリーズ（講談社）は、累計70万部を超えるベストセラーに育てていただいた。

本書で述べる「話し言葉から書き言葉へ」を請け負うプロとしては、それなりの自信があるし、経験もノウハウも持っているつもりだ。ライターである自分にしか語れないことは山のようにあると思っている。

学校の作文はすべて忘れよう

続いて、なぜ〝文章の授業〟なのかについて語ろう。

そもそもあなたは〝文章の授業〟を受けたことがあるだろうか?

義務教育から高校、大学と、記憶を丹念《たんねん》にたどってほしい。作文や読書感想文は山ほど書かされた。しかし、**〝書く〟という行為の意味や意義、そして具体的な技法にまで踏み込んだ授業を、受けたことがあるだろうか?**

おそらく「ない」はずだ。

国語の授業では、その大半が〝名作の品評《ひんぴょう》会《かい》〟に費やされる。名作を読まされ、感想を言わされ、教師の退屈かつ道徳的な見解を聞かされ、なんだかよくわからないまま時間が過ぎていく。それが一般的な国語の授業だ。

学生時代、ぼくは不思議でならなかった。

たとえば、いっさい絵筆を持たせることなく、延々《えんえん》と〝名作の品評会〟に明け暮れる美術学校なんて、考えられない。数式を品評するだけで終わる数学の授業なんて、ありえない。陸上競技のビデオ鑑賞で終わる体育なんて、あるはずがない。

なのに、どうして誰も〝文章の授業〟をしてくれないのか？

読解力が大切なのは、よくわかる。でも、それと同じかそれ以上に〝書く力〟も大切なのではないか？


反論はあるだろう。

「文章の授業といえば、作文があったじゃないか。いろんなテーマで書かされ、赤字で添《てん》削《さく》される作文は〝書く〟ことのトレーニングだったはずだ」

たしかに作文はあった。赤字で添削されたり、寸評を添《そ》えられたりした。句読点のルールや原稿用紙の使い方なども教わった。**しかし問題は、文章の書き方・組み立て方を体系的に教わってきたか、ということだ。**

自分の小中学校時代を振り返ってみても、〝書く技術〟らしきものを教わった記憶は皆無《かいむ》に等しい。作文の時間にはいつも「思ったとおりに書きなさい」「感じたままに書きなさい」と指導されてきた。

じゃあ、なにも教わらない子どもたちは、どうやって文章を書いていくのか？

子どもたちが頼りにする基準はただひとつ、「先生の目」である。

つまり、「なにを書けば先生からほめられるか?」と、教師との人間関係を基準に考えるようになるのだ。

模範的な作文がつまらない最大の理由は、ここにある。

いつも教師の顔色を窺《うかが》い、「自然を汚すのはよくないと思いました」とか「これからは弟にやさしくしようと思います」など、いかにもお行儀のよい意見を書く。教師もそれを「とてもいいことに気づきましたね」とほめる。作文技術など、いっさい関係ない。「いいこと」を書いていれば、それで評価されるのである。

……この話、どこかおかしいと思わないだろうか?

文章の書き方を指導するはずの作文が、いつの間にか〝心の指導〟にすり替わっている。道徳的な価値観を押しつけるものになっている。

そう、**作文も読書感想文も〝書き方指導〟ではなく、形を変えた〝生活指導〟になっていたのである。**

こんな教え方では、書くことが苦痛になるのも当たり前だ。

文章を書くとき、「いいこと」を書かなきゃ、と考える人は意外なほど多い。

ぼく自身、小学校時代には心にもないウソで塗り固めた作文をたくさん書いてきた。文章を書くのは好きだったが、学校の作文は大嫌いだった。
もちろん本講義で、道徳など語るつもりはない。ぜひ過去の作文は忘れて、講義に臨《のぞ》んでいただきたい。

書くこととは、考えることである

本書は、講義形式で構成されている。それぞれどのようなテーマを採り上げていくのか、あらかじめ紹介しておくことにしよう。

ガイダンス……………そもそも文章とはなんなのか？
第1講　**リズム**　……読みやすい文章に不可欠なリズムとは？
第2講　**構　成**　……文章はどう構成すればいいのか？
第3講　**読　者**　……読者を引きつける条件とは？
第4講　**編　集**　……編集するとはどういうことか？

すんなり意味のわかるものと、一瞬「?」と首を傾《かし》げるものとがあるだろう。

ガイダンスを除けば、たったの4講である。その代わり、各講義の内容はかなり濃い。ページ数も、当初の予定より大幅に増えていった。もちろんそこはライターとして、最大限の読みやすさを心掛けたつもりである。

ここでガイダンスに入る前に、本書の最終的な目標はどこにあるのかを述べておこう。

個人的にぼくは、できれば高校を卒業するまでの間に、遅くとも20歳までの間に、しっかりとした〝書く技術〟を教える環境が必要だと思っている。道徳でも生活指導でもない、自分の思いを「言葉だけ」で伝える技術だ。

なぜ、若いうちに〝書く技術〟を身につけるべきなのか？

答えはひとつ、「書くこととは、考えること」だからである。

〝書く技術〟を身につけることは、そのまま〝考える技術〟を身につけることにつながるからである。

仕事や人生で困難にぶつかったとき、どんなに頭を抱えて考え込んでも、堂々巡《どうどうめぐ》りをするばかりでまともな答えは出てこない。

ところが、悩みを文章に書き起こしていくと、意外な答えが見つかる。

詳しくは講義に譲《ゆず》るが、〝書く〟という行為のなかには、論理性の確立や思考の整理など、さまざまな要素が潜《ひそ》んでいる。〝書く〟というアウトプットの作業は、思考のメソッドでもあるのだ。

日帰りバスツアーの案内文から出発し、第一線のライターとして身を立てるに至ったぼくが保証する。

〝書く技術〟が身につけば、ものの見方が変わる。物事の考え方が変わる。そしてきっと、世界を見る目も変わってくる。

大風呂敷を広げた責任は、ちゃんと取るつもりだ。

それではさっそく講義をはじめよう。

目次

第1講　文章は「リズム」で決まる

第2講 構成は「眼」で考える

第3講 読者の「椅子」に座る

第4講 原稿に「ハサミ」を入れる 227

写真提供
©R.CREATION/orion/amanaimages

ガイダンス

その気持ちを「翻訳」しよう

- ★翻訳って何？
- ★頭の中の〝ぐるぐる〟
- ★書く＝考える！

うまく言葉にできない、頭の中の「ぐるぐる」

これから文章講義がスタートするわけだが、この時間はガイダンスとして、本講義全体の土台となる話をしていきたい。

まず質問だ。

あなたは書くことについて、どんな悩みを抱えているだろうか？

悩みの種類は人それぞれである。初歩的なところでつまずいている人もいれば、もっといい文章が書きたい、もっと面白い文章が書きたい、とさらなる上達を願っている人もいるだろう。

しかし、われわれが文章を書く上でぶつかる諸問題は、ほとんどが次の2点に集約されるのではなかろうか？

①文章を書こうとすると、固まってしまう
②自分の気持ちをうまく文章にすることができない

つまり、文章のスタート段階における「書けない！」と、なんとか書きはじめた後にぶつかる「(うまく) 書けない!」である。

書きたいことは山のようにある。頭のなかにはたくさんの〝思い〟が駆《か》けめぐっている。けれど、書けない。なにをどう書けばいいのかわからない。

あるいは、**〝自分の思い〟と〝書き上げた文章〟との間に、途方もないギャップを感じる。**書くには書いたけど、とても自分の言いたかったことを言い表せたとは思えない。

日記、ブログ、メール、企画書、レポート。どんな種類の文章であれ、そしてどんなレベルの書き手であれ、文章を書く際の悩みはこの2点に集約される。

それでは、考えよう。

どうしてわれわれは書けないのか?

なぜ「話せるのに書けない!」のか?

答えは簡単だ。**書こうとするから、書けないのだ。**

文章を「書こう」としてはいけない。「自分の気持ちを書く」という意識は、今日この日をもって捨て去ってしまおう。

これは、文章の定義に関わる問題である。

われわれの頭のなかには、たくさんの〝思い〟が駆けめぐっている。

もちろん〝思い〟は目に見えない。言葉であるとも限らない。不鮮明な映像であったり、色だったり、あるいは漠《ばく》とした気配や予感のようなものかもしれない。〝思い〟というと言語化されたもののようだが、頭をぐるぐると駆けめぐっているのは言葉ではない。言葉以前の、茫漠《ぼうばく》たる〝感じ〟である。

このぼんやりとした〝感じ〟や〝思い〟のこと、そしてそれが駆けめぐるさまのことを、ぼくは「ぐるぐる」と呼んでいる。

われわれが文章を書くときに引っかかってしまうのは、まさにこの点だ。

作文の授業で「思ったとおりに書きなさい」と言われても、頭を駆けめぐっているのは言葉以前の「ぐるぐる」である。自分がなにを思い、どう思っているのか、自分でもよくわからない。言葉にできないのだ。

話すのであれば、「ぐるぐる」の〝感じ〟を喜怒哀楽の声や表情で伝えることもできる。しかし文章では声が出せず、表情も見せることができない。

じゃあ、どうすれば文章が書けるのか？

どうすれば自分の〝感じ〟や〝思い〟を、文章として正しくアウトプットできるのか？

ぼくの結論はシンプルだ。**書くことをやめて〝翻訳《ほんやく》〟するのである。**

文章とは、つらつらと書くものではない。

頭のなかの「ぐるぐる」を、伝わる言葉に〝翻訳〟したものが文章なのである。

「なんじゃそりゃ？」でかまわない。まずはここから、ガイダンスをスタートしよう。

なぜ〝翻訳〟が必要なのか？

文章とは、頭のなかの「ぐるぐる」を、伝わる言葉に〝翻訳〟したものである。

これは本講義における「文章とはなにか？」の定義だ。もちろん、いきなり〝翻訳〟だと言われてもピンとくるはずがないし、違和感だらけだろう。

そこで最初に、ぼくが〝翻訳〟という言葉に行き着いた経緯《いきさつ》について話したい。


きっかけは、ある数学者への取材だった。

学生時代に数学が大の苦手だったぼくは、その先生に取材するのがちょっと怖かった。

取材の準備として「いますぐわかる数学」みたいな本を何冊か読んでみても、うまく理解できない。もしかしたら、ちんぷんかんぷんな話をされて、原稿にならないんじゃないか。そんな不安が拭《ぬぐ》えなかった。

ところが幸運なことに、取材ではすべてが「わかった」。

もし高等数学の話なんかをされたら完全にアウトだっただろう。けれど、その先生は身振り手振りを交《まじ》えて、数学という学問の面白さをわかりやすく、熱っぽく語ってくれた。「数学って、そういう学問だったのか！」「こんな先生に数学を教わっていたら人生変わったのに！」と感激した。

この取材原稿を書く際、頭に思い浮かんだ言葉が〝翻訳〟である。

いま自分は「数学ができる人」の話を、「数学が苦手な一般読者」に伝えようとしている。注意すべきは、ここでひとつでも数学用語を使ってしまったら、読者にはなにも伝わらないということである。

というのも、ぼく自身がそうなのだが、数学が苦手な人にとっての数学用語とは、ほとんど外国語も同然なのだ。聞いた瞬間に拒絶反応を示し、思考停止に陥ってしまう。

つまり、その原稿でぼくは「外国語みたいな数学用語」を「ぼくでも理解できる言葉」に〝翻訳〟しなければならなかったのである。

そうと気づいてからは、原稿を書くのが楽しくてたまらなかった。

数学が苦手な人は、数学のどこでつまずいているのか、数学にどんな先入観を持っているのか、数学のなにを教えてほしいのか。自分が苦手だったからこそ、その気持ちが痛いほどわかるし、彼らに伝わる言葉で説明することができる。自信を持って「数学って、こういう学問なんだよ！」と伝えられる。

思い返してみると、「得意分野を見つけること」が推奨《すいしょう》されるライターの世界において、ぼくは専門らしい専門をなにひとつとして持ってこなかった。

グルメに詳しいわけでもないし、旅行情報に詳しくもなければ、映画ライターや音楽ライターというわけでもない。ＩＴや経済知識も中途半端で、すべてに対して素人《しろうと》である。

しかし、素人だからこそぼくは、取材先で得た情報を「その分野の素人にも通じる言葉」へと〝翻訳〟することができる。へんな話だが、**何物にも染らない素人であることは、ぼくにとって最大の強みなのだ。**

さて、ぼくはこの〝翻訳〟という発想は、あらゆる種類の文章に通じるはずだと思っている。先に見た2パターンの悩みを思い出そう。

①文章を書こうとすると、固まってしまう

②自分の気持ちをうまく文章にすることができない

①で悩んでいる人は、**まだ頭のなかの「ぐるぐる」を整理できていない状態だ。**文章とは頭のなかの「ぐるぐる」を〝翻訳〟したものだ、という発想が欠如している。まず必要なのは〝翻訳〟の意識づけだろう。

②で悩んでいる人は、**「ぐるぐる」を〝誤訳《ごやく》〟してしまっているわけだ。**こちらはもっと具体的な〝翻訳〟の技術が必要だろう。

なんとなく、〝翻訳〟のイメージが摑《つか》めてきただろうか？

われわれは、自分という人間の〝翻訳者〟になってこそ、そして言いたいことの〝翻訳者〟になってこそ、ようやく万人《ばんにん》に伝わる文章を書くことができる。

書けない人に足りないのは、〝翻訳〟の意識であり、技術なのだ。

「頭の中が見せられるなら見せるんだ」

文章を書こうとすると、固まってしまう。

なにをどう書けばいいかわからず、手が止まってしまう。

こうした「書けないこと」のもどかしさについて、文章とはまったく違う視点からスポットを当てた、ぼくの大好きな歌がある。

「伝えたい事が　そりゃ僕にだってあるんだ」

という一節ではじまる奥田民生《たみお》さんのバラード、『CUSTOM』だ。

若干フレーズの順番は前後するが、歌詞の内容を簡単に紹介しよう。

歌詞中の〝僕〟は、「伝えたい事が　そりゃ僕にだってあるんだ」と打ち明ける一方で、「伝えたい事は　言葉にしたくはないんだ」と矛盾《むじゅん》した思いも抱えている。

おかげで「そしたらどうしたらいいのさ」と悩み、「頭の中が　見せられるなら見せるんだ」と、半《なか》ば投げやりに考えたりもする。

結局、〝僕〟はどうするのか？　その答えがカッコイイ。

「そこで目を閉じて　黙って　閃《ひらめ》いて　気持ち込めて　適当なタイトルで　ギターを弾い

てみました」

「だから目を閉じて　気取って　間違えて　汗をかいて　あやふやなハミングで　歌を歌ってみました　叫びました」

と続け、大音量のギターとともに直接的な〝思い〟をがなり立てる、圧巻のクライマックスへと突入していくのである。


文章を書こうとしても、なかなか書けない。伝えたいこと、書きたいことは山ほどあるはずなのに、なぜか手が止まってしまう。いっそ頭のなかを見せられればいいのに、それもできない。

これは『CUSTOM』の〝僕〟が抱えているのとほとんど同じ、コミュニケーション不全をめぐる悩みである。

では、『CUSTOM』の〝僕〟はどうしたか？

ギターを弾き、歌を歌った。

頭のなかに駆けめぐる有形無形《ゆうけいむけい》の思いを、歌という形に〝翻訳〟してみせた。そう、これは〝翻訳〟の歌なのである。

そうやって考えると、冒頭の「伝えたい事が　そりゃ僕にだってあるんだ」という一節に込められた意味が、より深く理解できるようになる。

われわれはどうして〝翻訳〟をするのか？

伝えるためだ。

伝えたい相手がいるからだ。

他者でも読者でも、言葉はなんでもいい。**誰かになにかを伝えたい、つながりたいと思うからこそ、〝翻訳〟をするのだし、しなければならないのだ。**

逆に言えば、読者を無視した〝翻訳〟には意味がない。〝翻訳〟は、それを受け止めてくれる相手の存在があってこそ、成立する。たとえ自分が「うまく言葉にできた」と思っても、それが相手に伝わらなければ〝翻訳〟は失敗なのである。

このガイダンスの終了後、ぼくは文章を書く上での〝技術〟に踏み込んでいく。

「文章に技術はいらない」

「思いつくまま好きに書くのが、いちばん素直な文章だ」

「技術がなくても真心があれば伝わる」

ぼくは、これらの意見に同意することなど到底できない。歌に置き換えて考えてほしい。リズムもメロディもめちゃくちゃな歌を、誰が聴いてくれるというのだろうか？

文章には、一定の知識や技術、ルールが求められる。音楽でいうところのリズムやメロディ、コード進行などに該当《がいとう》する部分である。

本講義では、小手先のテクニックではなく、精神論やお説教でもない、本当に役立つ根幹部分の技術を考えたいのである。

「あー、面白かった」しか言えない人

「はじめに」でぼくは「書くこととは、考えることと」だと述べた。〝書く技術〟を身につけることは、そのまま〝考える技術〟を身につけることにつながるのだ、と。

この真意について、読書感想文を例に考えてみよう。

普段本を読むとき、われわれは「あー、面白かった」と思っていればそれでいい。それ以上の気持ちを誰かに説明する必要なんてどこにもないし、主人公の名前を忘れてしまっ

てもかまわない。

ところが、読書感想文となれば、そうはいかない。

「夏目漱石《なつめそうせき》の『坊っちゃん』を読みました。とっても面白かったです」

これでは、なにも伝わらないのだ。

そうではなく、『坊っちゃん』を読んだことのない人にもわかるように、どこがどう面白かったのか言葉を尽《つ》くして説明しなければならない。『坊っちゃん』の面白さを、自分の言葉に〝翻訳〟していく必要があるのだ。

たとえば、『坊っちゃん』はどんなストーリーだったのか。

そこにはどんな登場人物がいて、それぞれどう絡《から》んでいったのか。

主人公はあのとき、なぜあんなことをしたのか。

作者の夏目漱石はなぜ、彼（主人公）にそんなことをさせたのか。

そして読者たる自分は、物語のどこに「面白さ」を感じたのか。また、それはなぜなのか。

感想文を書こうと思うなら、こうして物語の内容、魅力、ポイント、欠点など、**あらゆることを自分の頭で整理・再構築し、アウトプットしていかなければならない。**

これは非常に面倒で、骨の折れる作業だ。

しかし、いったんこのステップを通過すると、『坊っちゃん』に対する理解度はまったく違ったものになる。

だってそうだろう。なにも書かなければ「あー、面白かった」だけで終わるはずだった。「なんかよくわかんないけど面白い」で片づけることができた。

ところが、感想文を書くためには、**その「なんかよくわかんない」部分に、言葉を与えなければならない**。あいまいな記憶、漠とした感情に、論理の串《くし》を突き刺さねばならない。書き上げたあと、より深い理解が得られるのは、当然のことである。

実際に過去の経験を振り返ってみても、ただ読んだだけの本と、しっかり感想文まで書いた本とでは、記憶の有り方まで違っているはずだ。

書くことの醍醐味《だいごみ》、自分の言葉に〝翻訳〟することの醍醐味は、ここにある。

われわれは、理解したから書くのではない。

理解できる頭を持った人だけが書けるのではない。

むしろ反対で、われわれは「書く」という再構築とアウトプットの作業を通じて、ようやく自分なりの「解」を摑んでいくのだ。

順番を間違えないようにしよう。**人は解を得るために書くのだし、解がわからないから書くのだ。**おそらくこれは、世界的な文豪《ぶんごう》たちでも同じはずである。

わからないことがあったら、書こう。自分の言葉に〝翻訳〟しよう。そうすればきっと、自分なりの解が見つかるはずだ。長年ライターとして生きてきたぼくが、断言する。

文章の世界では、しばしば「考えてから書きなさい」というアドバイスが語られる。考えもなしに書きはじめても、いい文章にはならないと。

たしかにそれはその通りなのだが、もしも目の前に20歳の自分がいたら、ぼくはもっと根本的なアドバイスをおくるだろう。

つまり「考えるために書きなさい」と。

書くこととは考えることであり、「書く力」を身につけることは「考える力」を身につけることなのだ。〝書く〟というアウトプットの作業は、思考のメソッドなのである。

メールや企画書がうまく書けるようになるとか、卒論やレポートの評価が上がるとか、そんなものは枝葉末節《しようまっせつ》にすぎない議論だ。

聞いた話を〝自分の言葉〟で誰かに話す

あまり観念的な話ばかりをくり返しても意味がない。

このあたりで、具体的にどうすれば〝翻訳〟できるのか考えていこう。

以前、若いライターの方から取材原稿の書き方についてアドバイスを求められ、ぼくはこんなことを言った。

「取材が終わって会社や家に帰ったら、誰でもいいから捕まえて少しだけ時間をもらおう。そして5分でもいい、今日は誰にどんなテーマで取材をしたのか、その人はどんなことを話していて自分はどう思ったのか、思いつくまましゃべってみよう。そうすると、原稿に向かったときスムーズに書けるようになるよ」

聞いた話を、誰かに話す。これは〝翻訳〟の第一歩だ。

実際、ぼくも取材が終わると、誰かを捕まえて取材した内容を（その日のうちに）話すように習慣づけている。複数回や長時間におよぶロングインタビューは別だが、60〜90分程度の取材なら、必ず誰かに話す。この効果は絶大だ。

取材に限らず、たとえば友達としゃべったことを誰かに話すのでもいい。〝翻訳〟の基礎を身につけるために、ぜひ意識的にチャレンジしていただきたい。

話すことによってなにが得られるか？

ぼくは〝3つの再《さい》〟と呼んでいる。

①再構築……言葉にするプロセスで話の内容を再構築する
②再発見……語り手の真意を「こういうことだったのか！」と再発見する
③再認識……自分がどこに反応し、なにを面白いと思ったのか再認識する

まず①の「再構築」については、ここまで述べたとおりだ。

特に取材の場合、いくら事前に質問事項を用意していても、話が思わぬ方向に展開していくことが多い。Aの話をしていたかと思えばDの話になり、Dかと思えばTになり、再びAに戻ってNに飛び、というように話題はピンボールのように跳《は》ね回る。友達との会話でもそうだろう。

そこで、**誰かに「自分の言葉で」話すことによって、バラバラに散らばった内容を再構築し、理解を深めていくのである。**

よくないのは次のような話し方だ。

「それであいつが『ゴールデンウィークは彼女と海外に行きたい』と言ってね。『どこに行くの』って聞いたら、『ハワイに行く』って言うから、『それなら台湾にでも行って飲茶《ヤムチャ》の食べ歩きをしたら？　そっちのほうが安いよ』って言ったんだ」

これは交《か》わした台詞を再現しただけで、いっさいの「再構築」がない。頭も使わないし、なんのトレーニングにもならないだろう。最低でも、次の文くらいは〝翻訳〟したいところだ。

「今度のゴールデンウィーク、あいつは彼女とハワイに行きたいらしいんだ。でも、せっかく旅行するなら食べ物がおいしいところがいいからね。台湾に行って飲茶の食べ歩きでもしたらどうか、って提案したんだよ。去年オレも行ったけど、ハワイよりずっと安上がりだし」

大切なのは、語られた内容とその場の状況、そこに至るまでのいきさつなどを、自分なりにまとめること、そして筋道の通ったひとつのストーリーとして語ることである。

続く②の「再発見」は、非常に大切な要素だ。

取材にしても普段の会話にしても、相手の話を聞きながらその内容を100パーセント理解することは基本的に不可能だ。知らない言葉が出てくることもあるだろうし、話が前後して頭が混乱することもある。あるいは相手の話し方が支離滅裂《しりめつれつ》で、何度聞いてもよくわからないことだってあるだろう。

ところが、聞いているときにはわからなかったことが、**自分の言葉に〝翻訳〟する過程で「ああ、なるほど。あの人の言ってることはこういうことだったんだ！」と突然理解できる瞬間がある。**ちょうど、ジグソーパズルのピースを組み合わせているうちに「ああ、このジグソーパズルはモナリザの肖像画だったのか！」と気がつくような感覚だ。

たとえば、先の「彼女とハワイに行く」という話でも、自分の言葉に〝翻訳〟していくうちに「ああ、もしかしてあいつ、ハワイで彼女にプロポーズするつもりなのか！　そういえば指輪の話もしてたし、やたら人生を語ってたな」と再発見するかもしれない。「だから飲茶の食べ歩きにまったく興味を示さなかったんだ！」と。

そして③の「再認識」だが、これも大きな気づきである。

誰かから聞いた話を、別の誰かに伝えるとき、そこには必ず「私」というフィルターが入る。テープレコーダーのように「聞いたまま」を伝えるのでは意味がないし、そもそも不可能だ。そして「私」というフィルターを通過するとき、どうでもよい情報はノイズとして取り除かれる。フィルター経由で出てくるのは、「私」が面白いと思った情報、重要だと思った情報だけである。

フィルターやノイズといった表現がわかりにくいなら、カメラのピントだと思ってもらってもいい。**われわれは〝翻訳〟するとき、自分が対象のどこにピントを合わせているのか知ることになる。**同じ野球選手の話を聞いても、バッティングの話にピントを合わせる人もいれば、守備の話にピントを合わせる人もいるだろう。あるいはユニフォームの話にピントを合わせる人だっているかもしれない。

どこにピントを合わせるかは、その人の自由であり個性だ。

そして自分の言葉に〝翻訳〟してみると、自分が話のどこにピントを合わせていたのか、あらためて思い知らされる。

先の話にしても、話しているうちに自分が指輪や人生ではなく「彼女とハワイに行く」という話題にばかりピントを合わせていたことがわかる。自分にとってはそこがいちばん面白く、「伝えるべき情報」と判断していたわけだ。

そもそも、「聞いた話を、誰かに話す」くらいは、誰もが毎日意識せずとも行っていることである。そこで今後は〝再構築〟〝再発見〟〝再認識〟の3つを頭に入れながら、聞いた話を人に話すようにしてみよう。

ひと文字も書かずとも、文章の練習はできるのだ。

「地図・絵・写真」を言葉にしてみる

もうひとつ、紙もペンもパソコンも使わない〝翻訳〟を紹介しよう。

先ほどの〝翻訳〟は「言葉として語られたものを、自分の言葉に置き換える」という作業だった。

そこで今度は「言葉でないもの」を、自分の言葉に置き換えてみるのだ。

いちばん手っ取り早いのは、地図だろう。

たとえば最寄り駅から自宅までの道のりを、まったく土地勘《とちかん》がない人にもわかるように言葉で説明してみる。説明のための文章を、頭のなかで考える。

「改札を出て左手に、西口の出口があります。出口までの距離は20メートルほど。そして西口を出ると正面にバスターミナルとタクシー乗り場があるはずです。右手には三井住友銀行と、その隣にマクドナルド。左手には自転車置き場が見えるでしょう。そのままバスターミナルを迂回《うかい》するように右に進んで……」

と、事細《ことこま》かに描写していくのだ。

もちろん、「駅を出てコンビニを曲がると大きなビルがあるから、そっちに進んで信号を曲がったところ」と伝えても、相手は迷うだけである。

駅を出るとは、西口なのか東口なのか、それとも2番出口のように数字の振られた出口なのか。コンビニとはセブンイレブンなのかローソンなのか、ファミリーマートなのか。曲がるとは右折なのか左折なのか。この説明からは、なにひとつ伝わってこない。

きっと、かなり面倒な作業に感じられるだろう。

しかし、ネットもカーナビもなかった時代、ほんの20年ほど前までは、誰もがこうやって道を教え合っていたのだ。決して無理な話ではないはずである。

また、以前取材させていただいた日本語学者の金田《きんだ》一秀穂《いちひでほ》先生は、これに加えて「絵や写真を言葉で説明する」というゲームも提案されていた。

たとえば、1枚の写真を見ながら、

「テーブルの上に、小さなグラスが置いてある。逆光に照らされ、白く輝いて見える。大きさはちょうど手のひらに収まる程度。容量にして180cc。使い古され、やや曇《くも》っている。曇りをよくみると、それは小さなキズの集まりである」

というように、言葉で説明・描写していくのである。

そして金田一先生は、**このゲームのルールとして「自分の意見をいっさい入れないこと」を挙げていた。**

自分の意見とは、つまり主観や感情のことだ。逆光に照らされたグラスを描写するときに「初夏の朝を思わせる柔《やわ》らかな光に照らされ」と思い入れたっぷりに語っても、それが正しく伝わるとは限らない。

初夏の朝についてのイメージは人それぞれだし、初夏の朝の光が「柔らかい」と感じる人がどれくらいいるのかもわからない。鋭《するど》い陽差《ひざ》しを思い浮かべ、セミの鳴き声がけたたましく響き渡る、不快な情景をイメージする人もいるだろう。

より詳しく説明しようと安易なレトリック（美辞麗句《びじれいく》のようなもの）に走るほど、正確な描写から離れていってしまうのだ。

この「地図を言葉で説明する」と「絵や写真を言葉で説明する」は、〝翻訳〟のトレーニングとしてなかなか面白いのではないだろうか。ゲーム感覚でかまわないので、ぜひ一度試していただきたい。

「書く時代」が訪れる前に

このガイダンスにおける最大の目的は、「書こうとするな、翻訳せよ」の原則を頭に叩き込んでもらうことである。

文章とは「頭のなかの『ぐるぐる』を、伝わる言葉に〝翻訳〟したもの」である、という定義。そして文章を書きあぐねている人、うまく書けずにいる人は〝翻訳〟の意識や技術が足りていないのだ、という認識。

さらには、われわれは「書くために考える」のではなく、「考えるために書く」のだということ。「書く」というアウトプットのプロセスを通じて、われわれは自分なりの解を得ていくのだということ。

このあたりの認識を共有していただければ、もうガイダンスとして説明すべきことはほとんど残されていないように思われる。

そこで簡単な雑感とメッセージを述べて、このガイダンスを締めくくりたい。

ぼくが小さな出版社に就職した15年前、会社の名刺にはメールアドレスがなかった。中小企業のほとんどは自社のホームページを持たず、1人1台のパソコンも支給されていなかった。取引先と交わす手紙といえば、年賀状や暑中見舞い、招待状に詫《わ》び状くらいのものだった。

誤解しないでほしい。別に戦前の話をしているのではない。高度成長期の思い出話でもない。たった15年前、1990年代後半の話である。

当時のことを思えば、毎日何十通、あるいは100通以上ものメールをやりとりする現在は、明らかに異常である。**書きすぎだし、書かされすぎである。**

しかしぼくは、この時代の変化を前向きに捉《とら》えたいと思っている。

きっとこれからますます「書く時代」「書かされる時代」になるだろう。メール、企画書、プレゼン資料、謝罪文、就活《しゅうかつ》のエントリーシート、ブログ、SNS、そして今後生まれるだろう新しいコミュニケーションサービス。**われわれが文章を書く機会は、この先増えることはあっても減ることはない。**くり返すが、15年前の社会人はメールすらも使っていなかった。5年前、つまり2007年の社会人は、ツイッターもフェイスブックも使っていなかった。

今後どんな変化が起こって、どれだけ書く機会が増えるかなんて、とても想像することはできない。


かつてＩＴを使いこなす力が「仕事力」の明暗を分けた時代があった。

しかし、iPhoneやiPadの例を見るまでもなく、ＩＴツールの操作性は日を追うごとに平易なものとなり、いまや幼稚園の子どもでも直感的に使えるようになった。そして将来的には、日常的な英会話でさえも、優秀な翻訳ソフトの登場によって「みんなのもの」になる可能性が高いと言われている。

では、文章にも同じことが起こるだろうか？

「書くこと」のすべてを機械にまかせる時代は来るだろうか？

それはありえない話だ。「書くことは考えること」であり、そこだけは機械まかせにはできない。むしろ予測変換などの文章入力支援ツールが一般化していくほど、ホンモノの文章力との差が明らかになっていくだろう。

ぼくは、この講義を本気で「20歳の自分に受けさせたい」と考えている。

のちの自分がライターになるからではない。どこでどんな仕事に就《つ》こうと、文系であろうと理系であろうと、**業種や職種に関係なく生涯にわたって身を助けてくれる武器、それが文章力なのだ。**

これから講義に臨むあなたが何歳なのか、それはわからない。しかし、あなたが何歳であれ、ここで文章力という武器を手に入れておくことは、**将来に対する最大級の投資になる。**

ぜひ「書こうとするな、翻訳せよ」の原則を胸に、ホンモノの文章力を手に入れていただきたい。思考のメソッドを手に入れていただきたい。

そうすれば10年・20年後、あなたはいまの自分に感謝するはずである。

No.

Date

ガイダンスのまとめ

どうすれば文章が書けるのか？

・書こうとするな、〝翻訳〟せよ。
・文章とは、頭のなかの「ぐるぐる」を、伝わる言葉に〝翻訳〟したもの。
・うまく書けずにいる人は、〝翻訳〟の意識が足りない。

書くことは、考えること

・理解したから書くのではない。解を得るために書く。
・わからないことがあったら、書こう。自分の言葉に〝翻訳〟しよう。

〝翻訳〟の第一歩

①聞いた話を「自分の言葉」で誰かに話す
→再構築・再発見・再認識の〝3つの再〟が得られる。
②「言葉でないもの（地図や絵、写真）」を言葉にする
ポイント：自分の意見をいっさい入れない。
レトリックに頼らない。

「書く技術」は、一生使える〝武器〟になる

・これからますます「書く時代」「書かされる時代」になる
・文章力という〝武器〟を手に入れることは、将来に対する最大級の投資。

第1講

文章は「リズム」で決まる

★〝文体〟の正体とは?

★リズムのカギは接続詞

★美文より〝正文〟を!

文体とは「リズム」である

この講義をはじめるにあたって、文章術関連の本を数十冊読んでみた。

いったい世の中の先生方、諸先輩方はどんなご高説《こうせつ》を述べておられるのか。これまで文章術関連の本をほとんど読んだことがなかったので、少し楽しみに読んでみた。

役立つ話がまったくなかったとは言わない。少なくとも数冊は推薦図書としてすすめられる本があったし、「話し言葉から書き言葉へ」について、なるほどと勉強させられるところもあった。

しかし、ぼくがもっとも拝聴したかった意見について、納得のいく解説や定義づけをしてくれた本は一冊もなかった。

他でもない、「文体とはなにか?」という話だ。

文章を語るとき、必ずと言っていいほど登場するのが〝文体〟という言葉だ。「私はあの人の文体が好きだ」とか「やさしい文体で書かれた入門書」とか、いろんな場面で使われる。

ところが、この〝文体〟という言葉、考えれば考えるほど正体不明なのである。

まず、言葉の意味がわからない。辞書を引けば一応「文章のスタイル」だと出てくるが、これではなんの説明にもなっていない。

「はあ？　文章のスタイル？」

気を落ち着けて、同じ辞書で「スタイル」の項《こう》を調べてみる。

すると今度は「文体」だと書いてある。そう、英語の「スタイル」には文体という意味があるのだ。

これではまるで「犬とはドッグであり、ドッグとは犬である」と説明されているようなものだ。いったい、なんの禅問答《ぜんもんどう》なのか。

結局のところ〝文体〟は、大きく2つの要素によって決まるものだとされている。

①文章の語尾に注目して「です・ます調」と「だ・である調」を使い分けること

②「私」「ぼく」「俺」「筆者」といった主語を使い分けること

たしかに、語尾を「だ・である調」で統一しているこの講義も、「です・ます調」で書いていたら、かなり違った印象になっただろう。さらに主語を「オイラ」にしていたら、別人に近い文章になっていたはずだ。主語や語尾が変われば、文章全体が変わってくる。文体を考えるにあたって、主語や語尾が重要な要素であることは間違いない。

しかし、なにか足りない気がしないだろうか？

主語によって文体が変わるのはわかる。語尾によって文体が変わるのもわかる。

でも、読者に「あの人の文体が好きだ」と思わせるだけのオリジナリティが、主語や語尾だけで生まれるものだろうか？　わかりやすいところでいうなら、村上春樹《はるき》さんの「あの文体」は、天声人語の「あの文体」は、政治家や官僚の答弁書に見られる「あの文体」は、はたして主語と語尾だけによって決まっているのだろうか？

結論に移ろう。

文体とはリズムである。

主語や語尾の大切さを重々承知した上で、やはり「文体とはリズム」である。

これは、ぼくが長年のライター生活を経てたどりついた結論だ。

この第1講では、文章におけるリズムの役割について述べていきたい。

もっとも、突然こんな結論を突きつけられても、訳がわからないだろう。

なぜリズムなのか？　どうして第1講からリズムを語るのか？　ほかにもっと優先すべきテーマがあるのではないか？

まず断っておくと、本講で述べる「リズム」と、世間で思われているところのリズムには、かなりの隔《へだ》たりがある。

たとえば、文章にリズムを持たせるコツとしてよく語られる、センテンスの切り方、句読点の打ち方、改行のタイミング。

こんなものは「リズム」の本質ではない。そして「リズム」とは、世間で思われているほど感覚的なものではなく、どこまでも論理的なものなのだ。

「リズムの悪い文章」はなぜ読みにくいのか？

本講のなかで、ぼくは自分にウソをついてまで突飛《とっぴ》な新説を述べようとは思わない。奇《き》をてらっただけの意見ではなく、本当に役に立つ実践的な話をしていきたいと思っている。当然、なかには類書でも耳にするフレーズが出てくるだろう。

たとえば、文章のリズムを大事すべしという話も、さほど目新しいものではないはずだ。

表現や程度の差こそあれ、ほとんどの識者《しきしゃ》はリズムに言及するし、文章術を謳《うた》った指南書には大抵書いてある。

しかし問題なのは、リズムに関するアドバイスの大半が「文章を書くときにはリズムを大切にしましょう」と説《と》くだけで終わっていることである。こんな交通安全の標語みたいなアドバイスをもらって、いったいなんの役に立つだろう？

教えてほしいのは心構えではない。「リズムとはなにか？」の定義、そして「どうすればリズムが出るのか？」の具体策なのである。

そこでまず、リズムの悪い文章を例に考えてみたい。

リズムの悪い文章とは、端的に言えば「読みにくい文章」のことである。

書いてあることは間違っていないし、いいことも書いてある。けれどどうにも読みにくい。すらすら読むことができず、小骨が喉《のど》に刺さったような違和感、引っかかりを感じる。著名人のブログであれ、会議の資料であれ、メールであれ、こうした文章はよく見かけるはずだ。

じゃあ、どうして引っかかりを感じるのだろうか？

引っかかっているのは、内容に問題があるからではない。その書かれ方、論の進め方、もっと言えば支離滅裂さに引っかかっているのである。

ひとつ、わかりやすい例を挙げてみよう。

企業のリストラが進み、日本の終身雇用制度は崩壊した。能力主義の浸透は、若手にとっては大きなチャンスでもある。若い世代の前途は明るい。学生たちは自信を持って就職活動に励《はげ》んでほしい。

これはいまぼくが適当につくった例文だが、いかにもありがちで、しかも見事に支離滅裂である。全体の言わんとすることはわかっても、なにか引っかかりを感じるはずだ。

具体的に、どこに引っかかりを感じるのか見ていこう。

まず「終身雇用制度の崩壊」は、まったくもって「能力主義の浸透」とはつながらない。典型的な議論のすり替えである。

続いて、仮に「能力主義が浸透」したとしても、それが「若い世代の前途は明るい」理由にはならない。むしろ最近では、能力主義の名の下に格差が拡大することを心配する人のほうが多いのではないか。

そして唐突に「自信を持って就職活動に励んでほしい」と学生へのメッセージである。仮に「能力主義が浸透」していようと、百歩譲《ゆず》って「若い世代の前途が明るい」のだとしても、それと就職活動は別だ。少なくともこの文章には、学生が自信を持って就活に臨むだけの根拠がひとつも書かれていない。

……と、自分で書いた例文ながら、かなり散々な文章である。

それでは、どうしてこんな支離滅裂な文章が生まれてしまうのだろうか？　先の文章を分解してみるとわかりやすい。

「企業のリストラが進み、日本の終身雇用制度は崩壊した」

「能力主義の浸透は、若手にとっては大きなチャンスでもある」

「若い世代の前途は明るい」

「学生たちは自信を持って就職活動に励んでほしい」

そう、こうやってパーツごとに見てみると、いずれの文も間違っていないのである。そしてパーツが間違っていないから、それをつなげても間違っていないと考えてしまう。論が正しく展開されているような錯覚を起こしてしまう。

支離滅裂とは「ワニとは二足歩行の哺乳類《ほにゅうるい》である」というような、あきらかにおかしな文を指すのではない。

文がおかしいのではなく、文と文の「つなげ方」や「展開の仕方」がおかしいとき、その主張は支離滅裂になり、リズムよく読めなくなるのだ。

ここでようやく、次の問いが成り立つ。

「リズムのいい文章は、なぜ違和感なくスラスラと読めるのか？」

もう答えは簡単である。

支離滅裂なところがないからだ。論理の軸がバッチリ定まって、論をうまく展開できているからだ。

文章のリズムを決めるのは、テンやマルではない。韻《いん》を踏むことでも五七調に揃《そろ》えることでもない。センテンスの切り方でなければ、改行のタイミングでもない。**文章のリズムは、「論理展開」によって決まるのである。**

こうなると第1講として文章のリズムを採り上げる理由も、見えてくるだろう。リズムがよい文章とは、それだけ論理的に書かれた文章ということなのだ。

論理的思考のできる人でも、いざ文章を書かせると支離滅裂になってしまうことは多い。細部の記述は間違っていないのに、全体を通して読むとなにがなんだかわからない文章になる、というパターンだ。先の例文などは、その極端な例である。

論理的であれば文章がうまくなるわけでは、決してない。問題は、その論理をどう使うか、つまり「論理」を「どう展開するか」なのだ。

これは本講義全体に関わるテーマだが、先を急がず、まずは文章のリズムや論理の基礎を見ていこう。

「バカバカバカ」と笑う女子高生

文章にそれほど論理が必要なのか、疑問に思う人は多いだろう。

たとえばわれわれは、日常会話のなかでことさら論理的であろうとは意識していない。その場で思いついたことを、思いついたままにしゃべっている。それでも話は通じるし、理屈っぽい人間よりもよほど好感を持たれる。論理なんていらないように思える。

しかし、普段の自分たちがしゃべっている言葉をテープに録音して、一言一句《いちごんいっく》も漏《も》らすことなく文字に起こしてみれば驚くはずだ。

率直に言って、まるで意味がわからない。いや、言葉そのものの意味はわかるのだが、情報量があまりにも少ない。言葉のニュアンスが伝わらず、文字を読んだだけでは怒っているのか笑っているのかさえわからない。

言葉だけを取りだしてみた場合、われわれの会話は驚くほどデタラメなのだ。

じゃあ、どうして論理的にデタラメな言葉でも、大きな誤解を招くことなく会話が成立しているのか？

答えは簡単だ。

われわれが「言葉以外」の要素を使ってコミュニケーションをとっているからだ。つまり、顔の表情、声の高さやテンポ、視線、身振り手振りなどを駆使しつつ会話をしているからである。

一般に「非言語的《ノンバーバル》コミュニケーション」と呼ばれるこれらの要素は、会話のなかで言葉以上の影響力を持っている。

誰だって電話をしながら「直接会って話せば、もっとうまく伝えられるのに！」と歯がゆい思いをした経験はあるだろう。しかし、顔の見えない電話ですら、まだ「声」がある。

声の高さやテンポ、声の大きさ、あるいは沈黙などによって、細かなニュアンスを伝えることができる。

ところが文章では、お互いの顔や身振りが見えないのはもちろん、声も聞こえない。沈黙することすらできない。対面式の会話と比べ、意思の伝達に使える手持ちのカードが、圧倒的に少ないのだ。

作文の授業でよく言われる「話すように書きなさい」が、いかにいい加減なアドバイスなのか、これでわかるだろう。

話す言葉をそのまま文字にしたところで、声や表情などで伝えていた情報は必ず抜け落ちる。**その抜け落ちた部分を補強しないことには、伝わる文章にはならないのだ。**

つまり、「話し言葉」から「書き言葉」への〝翻訳〟が必要なのである。

さて、ここで勘《かん》のいい読者から「ちょっと待て」と反論もあるはずだ。

女子高生はどうなんだ、彼女たちは神業《かみわざ》のような指さばきで膨大《ぼうだい》な量の携帯メールを交換しているじゃないか。話すように書いて、それでコミュニケーションを成立させているじゃないか、と。

たしかに電子メールの普及は、われわれのコミュニケーション環境を一変させた。文章によるコミュニケーションの頻度は、昭和の時代に比べて格段に上がっている。しかも端《はた》から見ているかぎり、女子高生たちはメールが大好きだ。かといって、作文が好きなわけではなさそうである。

この矛盾を解消してくれるのが、絵文字・顔文字の存在だ。

絵文字・顔文字は、携帯メールの登場に合わせて自然発生的に生まれた、非常に興味深い文化だ。基本的に絵文字とは、感情を表す記号であり、形を変えた「非言語的コミュニケーション」のツールである。

これまでなかなか文章にできなかった感情も、絵文字を使えば一発で表現できる。たとえば「バカバカバカ」という罵倒語《ばとうご》の後に、笑顔の絵文字が入っていたとすれば、それは怒っているのではない。笑いや冗談の文脈から出てきた、馴《な》れ合いの文句だと誰にでもわかる。文字通り、言葉に〝表情〟をつけることができるのである。これだったら「話すように書く」ことも可能だろう。

絵文字を多用する女子高生を見て、「けしからん」「日本語の乱れだ」と憤《いきどお》る大人も多い。

しかし、自分たちの周りをよく見渡してほしい。

新聞や雑誌などの印刷物でも（笑）や（怒）といった記号が用いられ、特に対談や座談会などの記事には頻繁に登場する。これは明らかに絵文字と同様の働きをもつ、感情表現の記号だ。

また「2ちゃんねる」に代表されるインターネットの世界でも、言葉尻に「w」（笑のローマ字表記での頭文字）をつけて笑っていることを表現するなど、数多くの記号が存在する。

なんのことはない、老若男女にかかわらず、**誰もがなんらかの「絵文字的な記号」に頼ってコミュニケーションをとっているのだ**。

顔の見えない相手と文章だけで意思疎通を図るのはそれだけ難しいのだし、論理で組み立てられる文章は、そもそも感情と馴染《なじ》みにくいのである。

リズムのカギは接続詞にある

ここまでの話をもう一度まとめておこう。

われわれは普段、かなり支離滅裂なことをしゃべっている。頭に思いついた矛盾だらけの言葉を、なんの考えもなしにしゃべっている。

それでも、コミュニケーションはちゃんと成立しているし、大きな混乱も生じない。言葉の支離滅裂さを、表情や声の高さ、テンポ、身振り手振りなどによって補っているからだ。

しかし、文章ではこれらの「非言語的コミュニケーション」がいっさい使えない。緊急避難的に絵文字を使うことはできても、通常の文章に使うのはさすがに無理だろう。

その事実に無自覚なまま文章を書くと、どうしても支離滅裂になってしまう。

論理が破綻《はたん》していたり、論点がボケてしまったり、まわりくどかったり、なにが言いたいのかよくわからない文章になる。声や表情によって伝えていた情報が抜け落ちるのだから当然である。

たぶん、支離滅裂な文章を書く人は、自分でも論理の破綻に薄々感づいているはずだ。なにかしっくりこない感じ、うまく言えていないモヤモヤした感じを抱きながらも、早く結論にたどり着きたくて、早く書くのを終わらせたくて、つい強引なロジックに頼ってしまう。文章に対する堪《こら》え性《しょう》がない、ともいえるだろう。

それでは、どうすれば支離滅裂な文章を書かずにすむのだろうか？

まず大切なのは、自分の文章が論理破綻したことに、なるべく早く気づくことだ。

そして、**論理破綻に気づくためのキーワードは「接続詞」だと、ぼくは思っている。**

ライターの世界では、「接続詞を多用するな」とアドバイスされることが多い。接続詞を使いすぎると文章がわかりにくくなるとか、接続詞に頼るのは文章が未熟な証拠だとか、接続詞がないほうがスッキリして読みやすいとか、理由はさまざまだ。

だが、断言しよう。

みんなもっと接続詞を使うべきだ。

先ほど、支離滅裂な文章について「文章がおかしいのではなく、文と文の『つなげ方』や『展開の仕方』がおかしい」という話をした。

では、どうして文章と文章の「つなげ方」がおかしくなるのだろう？

なぜ「つなげ方」を間違ったことに気づかないのだろう？

理由はひとつしかない。接続詞をあいまいにしているからである。

文章と接続詞の関係は、列車と連結器の関係に似ている。

つまり、ひとつの文が車両で、それをつなぐ接続詞が連結器というイメージだ。連結器とは、あの鉤状《かぎじょう》のフックみたいな器具のことである。

当然、車両にはいろんな型があり、車両ごとに使用するべき連結器の形状も違ってくる。新幹線を連結させる場合には、それ専用の連結器があるはずだ。

文章の連結も同じである。どの文とどの文をつなぐかによって、使用するべき接続詞の種類は変わってくるはずだし、どんな接続詞を使ってもつながらない文章もあるはずだ。

それでは、接続詞をあいまいにするとは、どういうことか?

適切な連結作業を怠《おこた》り、車両の種類や関係などおかまいなしに、接着剤でくっつけているようなものである。たとえその場ではうまくつながったように見えても、あとになって重大事故（論理破綻）を起こす可能性が高い。

たとえば「今日は大盛りのカツカレーを食べました」という一文と「お腹が空いています」という一文を〝だから〟の接続詞でつなげては、支離滅裂になってしまう。つなげるとすれば〝しかし〟や〝ところが〟などの接続詞になるだろう。

ここでもう一度、先の例文を見ていただきたい。


企業のリストラが進み、日本の終身雇用制度は崩壊した。能力主義の浸透は、若手にとっては大きなチャンスでもある。若い世代の前途は明るい。学生たちは自信を持って就職活動に励んでほしい。

この文章には接続詞がない。そして接続詞を入れずに文章を組み立てようとしたから、論理の破綻に気づかず、こんなトンチンカンな文章が生まれたのだ。

もし接続詞を意識していたら、どうなっただろう？

たとえば、「企業のリストラが進み、日本の終身雇用制度は崩壊した」という一文と、「能力主義の浸透は、若手にとっては大きなチャンスでもある」の一文。どちらの文にもおかしなところはない。

では、この2文をつなぐ接続詞を考えてみてほしい。「そして？」「しかし？」「つまり？」「だから？」……どれもしっくりこないはずだ。むしろ2つの文が、まったく別の話をしていることがわかるはずだ。

こうして接続詞を意識するだけで、文章は論理破綻しにくくなる。

もっとも、ぼくは「すべての文を接続詞でつなげ！」と無茶な要求をしているのではない。

接続詞の多用がウザイこと、適度に削《けず》ったほうが読みやすくなることは、十分承知している。いらない接続詞は削れ、とのアドバイスは原則として正しい。

ぼくが主張しているのは「そこに接続詞が入るかチェックせよ」という意識化の話だ。頭のなかでチェックするのでもいいし、実際に書き入れてみてもいい。正しくつながることが確認できれば、削ってしまってかまわない。

ただひとつ言えるのは、「接続詞を多用するな」の言説《げんせつ》に惑《まど》わされてはいけない、ということである。

美文《びぶん》よりも「正文《せいぶん》」を目指す理由

ここまでの流れをざっとまとめると、こんなところになる。

文章には、「文体」と呼ばれるものがある。

そして、文体の正体とは「リズム」である。

さらに、文章のリズムを決定づけているのは「論理展開」であり、文章の論理的整合性は「接続詞」によって保たれる。

まだ、どこか腑《ふ》に落ちない感じがあるだろう。ひょっとしたら、小骨が喉に刺さったような違和感があるかもしれない。

じつはここまで、議論の大前提とも言うべき話に触れてこなかった。次のひと言で、喉の小骨もとれるのではないだろうか。

ぼくは「美しい文章」など、目指すべきではないと思っている。

いや、余裕があれば美しくてもけっこうだが、美しさよりも先に「正しさ」がくるべきだと思っている。「美文」という言葉に対比させるなら「正しい文＝正文」だ。

なぜ、美しさが不要なのか？

ひとつに、文章本来の目的が「伝えること」だからである。いくら美しい声を持っていても、発音が不正確なら会話は成立しない。聞き苦しいダミ声であっても、発音が正確なら会話は成立する。情報を伝えるために必要なのは、美しさではなく正しさである。

そしてもうひとつが、美という概念がどこまでも主観的であることだ。

どんな文章表現を美しいと思うかは、人それぞれによって異なる。

豪奢《ごうしゃ》なバラの花束が好きな人もいれば、凛《りん》とした一輪挿《いちりんざ》しが好きな人もいる。秋の紅葉《こうよう》を美しいと思う人もいれば、寂《さみ》しいと思う人もいる。美しさとは、どこまでも主観的なモノサシである。

そのため美しさを意識しすぎると、主観に溺《おぼ》れた独りよがりな文章になりやすい。そして客観性を忘れて主観に溺れた文章は、論理性を著しく欠いた支離滅裂な内容になってしまう。


一方、**正しさを意識することは、客観的な目線を意識することにつながる。**

接続詞ひとつにしても、主観的な「好き／嫌い」で選択するものではない。客観的な「正しい／正しくない」と照らし合わせた上で選択するわけだ。それでこそ論理性が保たれるのだし、支離滅裂な文章にならずにすむ。

……つまらない話に聞こえるだろうか？

まるで文章に〝正解〟があり、無個性で画一的な「正解文」を目指せと言ってるように聞こえるだろうか？

まず断っておくと、ぼくはいかなる種類の文章にも〝正解〟が存在するとは思わない。むしろ「正解なんか、あってたまるか!!」と大声で叫んでやりたいくらいである。

しかし同時に、**あからさまな〝不正解〟は存在すると思っている。**

論理的に破綻してしまった文章、おかげで「伝えるべきこと」が正しく伝わらない文章。これはどうしようもなく不正解だ。

じゃあ、考えよう。

いったい「伝えるべきこと」とはなにか？

ここは次回の講義「構成は『眼』で考える」にも通じる、最重要ポイントである。

われわれにとっての「伝えるべきこと」、それは第一に〝自分の意見〟だ。

自分はこう思っている、自分はこんな提案をしたい、自分はあなたにこうしてほしい、といった〝自分の意見〟こそ、最大の「伝えるべきこと」である。

そして大切なのは〝自分の意見〟が完全な主観であり、感情だということだ。

文章という声も表情もないツールを使うかぎり、その〝感情〟は論理のレールに乗せてやらないと届かない。**われわれは〝感情〟を伝えたいからこそ、論理を使うのだ。〝主観〟を語るからこそ、客観を保つのだ。**

あなたの部屋をどう飾ろうと、それはあなたの自由だ。しかし、その部屋が入る建物には頑強《がんきょう》な骨格が必要だ。われわれはいま、その骨格・構造の話をしているのである。

ローリング・ストーンズに学ぶ文章術

感情と論理の関係について、音楽を例に考えてみたい。

以前、インターネットで面白い映像を見たことがある。ローリング・ストーンズのライブ映像だ。たしか数年前のカナダでの公演だったと思うが、アンコールの最終曲というときに、前代未聞のトラブルが発生した。

まず、この日のライブでは最終曲は『サティスファクション』と決まっていたようだ。彼らの代名詞ともいえる、60年代の超メジャーソングである。

ところが、なにを勘違いしてしまったのかギターのキース・リチャーズは、70年代中期のヒットソング『イッツ・オンリー・ロックンロール』のリフを弾き始めた。しかも自分の間違いにまったく気づいていない。得意満面の面持《おもも》ちで弾いている。

こうなっては仕方がない。他のバンドメンバーは戸惑いながらも『イッツ・オンリー・ロックンロール』の演奏に入る。

しかし、である。ヴォーカルのミック・ジャガーがそれを許さなかった。

バンド全体が『イッツ・オンリー・ロックンロール』の演奏に流れかけたなか、なんと強引にも『サティスファクション』を歌い始めたのだ。ちょっとしたカオスである。

さて、ここで困ったのは、間に挟《はさ》まれたドラムのチャーリー・ワッツだ。ミックを選ぶのか、それともキースを選ぶのか。何万人という観衆を前にした、やり直しのきかないライブ演奏。すでに2人は別々の曲を弾き、歌っている。一瞬で判断を下さなければならない。

結局彼は、うまく拍子を調整して『サティスファクション』を選択した。するとバンドはそのまま『サティスファクション』に突入し、自分の間違いをなかなか認めようとしなかったキースも、最終的にはこの曲を弾くようになる。ファンにとっては大爆笑必至のハプニング映像だ。

このエピソードを紹介したのには、訳がある。

ローリング・ストーンズのミック・ジャガーとキース・リチャーズといえば、ロック界の生ける伝説だ。カリスマであり、個性の強い、エゴの固まりみたいな人たちだ。それでも結局、バンドの楽曲的進行を決めているのはドラム（チャーリー・ワッツ）なのである。リズム隊の長《ちょう》である彼が「この曲で行く！」と決めた瞬間、すべて決着がつくのだ。

どんなエゴイストのヴォーカリストが率い、カリスマ的ギタリストを擁《よう》するバンドだろうと、実際の演奏を牽引《けんいん》しているのはドラムであり、リズム隊なのである。

さて、これを文章に置き換えて考えてみよう。

もしかすると、文章のなかでもっともカッコよく映るのは、流麗《りゅうれい》なレトリックかもしれない。そして豊富な語彙《ごい》を操ることは、ギターの早弾きみたいな「神業」に見えるかもしれない。たしかにどちらも目立つし、カッコイイ。

それに引き替え、ドラマーは縁《えん》の下の力持ちでしかなく、スポットライトを浴びることは少ない。ドラマーとともにリズムを担当するベーシストも同様である。

でも、**楽曲の土台（論理）を築き、牽引しているのは、あくまでもリズム隊なのだ。**

ロックの歴史を振り返ってみるといい。ロックの黄金時代を支えたバンドには、必ず優《すぐ》れたドラマーやベーシストがいる。

ローリング・ストーンズのチャーリー・ワッツ。ザ・フーのキース・ムーン。クリームのジンジャー・ベイカー。レッド・ツェッペリンのジョン・ボーナム。それぞれがみな、独自のスタイル（文体）を持った名ドラマーだ。

ストーンズはともかく、ザ・フーやクリーム、レッド・ツェッペリンは優れたベーシストにも恵まれていた。あるいは、あなたの好きな日本のバンドを思い浮かべても、それが実力派とされるバンドであるほど、優れたリズム隊がいるはずだ。

文章を書こうとしたとき、ヴォーカリストやギタリストを目指したくなる気持ちは痛いほどよくわかる。世間的な称賛《しょうさん》を受け、女のコたちからの人気を集めるのは、いつの時代もヴォーカリストとギタリストだ。

感情を爆発させるようにシャウトするヴォーカリスト、感情のおもむくままにギターソロをとるギタリスト。いずれも自己陶酔《とうすい》的で、感情的で、直接的である。

思い返せば、20歳前後のぼくにも、リズムに乏《とぼ》しい文章に取って付けたようなレトリックを散りばめ、ひとり悦《えつ》に入《い》っていた時期があった。難解な学術用語を選び、聞きかじりのカタカナを並べて、天才ギタリストにでもなったつもりで延々と退屈な文章を書いていた時期があった。

みなさんの周りにも、そうした自意識丸出しの文章が溢《あふ》れていないだろうか？

でも、リズムの取れていない歌なんて、誰も聴いてくれないのだ。

文章を書くとき、われわれはヴォーカルからギター、ベースにドラムまで、すべてのパートを担当しなければならない。**もし本当に楽曲を聴いてほしいのなら、まずは土台となるリズムを固めよう。**

文章の「視覚的リズム」とは?

ここまでが、文章のリズムに関する基礎となる話だ。非論理的に書かれた文章が、いかに読みづらくリズムの悪いものであるか、理解していただけたと思う。

そこでここから講義は、リズムについてもう一歩踏み込んだ話に突入していく。先に「本質的でない」とか「枝葉の話だ」とか散々文句を言ってきた、センテンスの切り方、句読点の打ち方、改行のタイミングなどの話だ。

音楽を例に挙げたことでもわかるように、そもそもリズムとは音感的なものである。おそらくはそのせいだろう。文章のリズムに関するアドバイスのなかで、もっとも多く語られるのが、この言葉だ。

「自分の書いた文章を音読《おんどく》しなさい」

たしかに、この指摘は正しい。詳しくは後述するが、音読するなかで気づくこと、音読しないとわからないことは、山のようにある。

しかしぼくは、文章を書こうとする人の多くが、大事な視点を忘れている気がする。

それは、「読者は文章を〝眼〟で読んでいる」という事実だ。

われわれが新聞を読むとき、本を読むとき、メールを読むとき、耳を使って読むわけではない。ときに音読することがあったとしても、基本的には黙読、つまり黙ったまま〝眼〟で読んでいるはずだ。

だとすれば、**書き手の側も聴覚的なリズムを気にする前に、「視覚的リズム」を考えなければならない。**


視覚的リズムとはなにか?

わかりやすくいえば、文字や句読点が並んだときの、見た目の気持ちよさだ。

本屋さんでパッと本を開いた瞬間、ネットのブログ記事を見た瞬間、受け取ったメールを開いた瞬間。**読者はこの一瞬で「なんか読みやすそう」「なんか読みづらそう」を判断している。**視覚的で、直観的な判断だ。

もし、ここで「なんか読みづらそう」と判断されてしまうと、本は棚《たな》に戻され、ブログは別ページをクリックされ、メールボックスは閉じられる。チラシやDMはシュレッダーへ、というわけだ。

これを避けるために必要なのが「視覚的リズム」なのだが、ぼくは大きく次の3つによって生まれるものだと思っている。

①句読点の打ち方
②改行のタイミング
③漢字とひらがなのバランス

読みやすく、しかもリズミカルな文章をつくるためには、いずれも大切な要素である。ひとつずつ紹介していこう。

句読点は「1行にひとつ」

リズムの形成に①の「句読点」が大きく寄与していることは、納得していただけるだろう。個人的に言うと、ぼくはたぶん句読点の多い書き手だと思う。

というのも、句読点についてぼくは明確なルールを設けている。

それは、「1行の間に必ず句読点をひとつは入れる」というルールだ。

新聞や雑誌のように1行の文字数が短い場合は別だが、それ以外の文章ではメールであれ企画書であれ、このルールを必ず守っている。もしも句読点が入らない場合は、カッコを入れる。

たとえば、本書は1行40文字である。多くの書籍は、1行38文字から41文字あたりに設定されている（縦書きの場合）。

この数字を多いと見るか、少ないと見るか。

ぼくは「多い」と見る。考えてもみてほしい。五七五七七の短歌は31文字だ。俳句にいたっては、たったの17文字である。俳句が2つも入ってしまう40文字は、情報量として十分すぎるほど多い。これだけの文字数を句読点もなくダラダラ読ませられることに、われわれは視覚的にも聴覚的にも慣れていない。

視覚的リズムの観点から見た、句読点の役割は簡単である。

早い話が、文字と文字の間に〝物理的なスペース〟をつくり、見た瞬間に「ここで切れるんだな」とわからせてくれるのだ。

たとえるなら、ズラッと黒が並ぶオセロの列に、白が1枚紛《まぎ》れ込むような感覚である。これだけで見た目の圧迫感がなくなり、ひと呼吸おかせてくれる。**物理的にはわずか半文字分ほどのスペースだが、視覚的にはとてつもなく有効なのだ。**

もっとも、読点「、」本来の役割は、視覚的リズムではないだろう。読点を入れることで、文意を明確にして読者の理解を助けるのだ。これも大切な要素なので、簡単な例を挙げよう。

(A)彼が、疲れた表情で電車を待つ彼女に声をかけた

(B)彼が疲れた表情で、電車を待つ彼女に声をかけた

両者は読点の位置が違うだけだが、(A)で疲れた表情をしているのは「彼女」なのに対し、(B)の文章では「彼」になる。もしもこれが読点もなしに「彼が疲れた表情で電車を待つ彼女に声をかけた」となっていたら、読者は大いに混乱するだろう。

もうひとつ面白い例を挙げるなら、2010年、大相撲の横綱・白鵬《はくほう》の連勝記録が63で

ストップしたとき、6場所ぶりの敗北を喫《きっ》した彼は報道陣を前に「これが負けか」とつぶやいた。

個人的に興味深かったのは、翌日のスポーツ新聞である。

あるスポーツ新聞は白鵬のつぶやきを「これが、負けか」と書いた。

別のスポーツ新聞は「これが負け、か」と書いた。

読点がどこに入るかによって、印象は大きく変わる。「これが、負けか」には敗れた悔しさが感じられるし、「これが負け、か」には連勝を積み重ねてきた時間の重みが感じられる。個人的には、後者のほうがずっと好きだ。

こうした読点の打ち方については、やはり音読して確かめるのがいちばんだろう。

音読によって切れる場所には、必ず読点を入れる。間違ってもダラダラと読経《どきょう》のような音読はしない。どこで切れるのかを意識しながら、メリハリをつけて音読する。こうするだけで、読点の打ち間違えはかなり軽減されるはずだ。

改行のタイミングは早くていい

視覚的リズムを決める3要素、次は「改行のタイミング」である。

これは、もっと広く語られていいテーマだと思う。ページが文字で真っ黒に埋めつくされた企画書なんて、パッと見た瞬間に嫌気が差すだろう。くりかえすが、われわれは文章に向かい合うとき、「読む」より先に「見る」のだ。ほんの一瞬のことかもしれないが、まずはページ全体を見る。そして1行目に眼を移し、読むのである。

だとすれば書き手は、内容だけでなく「見た目」にも気を配らないといけない。

視覚的リズムの観点からいうと、①の句読点は「文字間＝縦」の圧迫感を解消するのに有効だった。

それに対して改行には、「行間＝横」の圧迫感を解消する役割がある。

改行のないまま10行、20行と段落が続くと、さすがに圧迫感が出てくる。これは「横の圧迫感」であって、どんなに句読点を多用しても太刀打《たち》ちできる問題ではない。そこで改行を使うと、適度な余白が埋まれ、ようやく横の圧迫感が解消される。

読みやすさを優先して考えるなら、10行と言わず、**最大5行あたりをメドに改行したほうがいいだろう。**おそらく本書でも、改行のないまま5行を超えて続く段落はほとんどないはずだ。

文章を書くときは、間違っても「文字がびっしり詰まった原稿の方が賢《かしこ》そうに見える」などと思ってはいけない。大切なのは「自分という人間がどんなふうに見えるか」ではなく、「文章が相手にどう読まれるか」なのである。

さらに、改行には伝えたいメッセージを強調する、という役割もある。

たとえば（改行のないまま）10行にわたって文章を書き、そのなかに自分がもっとも伝えたいメッセージを含ませたとする。

ところが、これだと他の文章に埋もれてしまう。もっと残酷なことを言えば、読者に読み飛ばされ、気づいてさえもらえない可能性がある。

10行も20行もある段落を見たとき、大抵の読者はうんざりする。どっぷりハマり込んで読んでいる小説ならともかく、普通の本、ましてや会議の資料なんかだったら、さすがに嫌気が差す。多くの場合が深く内容を考えないまま、流し読みするだけだろう。こんなとき、どうしたら注目してもらえるのだろうか？

改行するのだ。

行を改めてしまえば、否応《いやおう》なしに眼に入る。

ここを強調したいんだな、ここに力点《りきてん》を置いているんだな、とわかってもらえる。

もちろん、改行によって文章そのものに聴覚的なリズムが生まれることは、言うまでもない。音読してみると明白だが、改行された箇所は句読点よりもさらに大きな「息継ぎポイント」になっているはずだ。

漢字とひらがなのバランスを考える

さて、視覚的なリズムを決める3つの要素で、最後にくるのは「漢字とひらがなのバランス」である。

先に見た①「句読点」と②「改行」の説明で、共通して登場したキーワードがあった。

そう、「圧迫感」だ。

視覚的なリズムを邪魔するものとは、要するに圧迫感なのである。

そして日本語の場合、どんなに句読点を使いこなし、どれだけ改行を駆使しても、どうしても避けられない圧迫感がある。

文字そのものが持つ圧迫感だ。

ここはぜひシンプルに考えていただきたいのだが、相対的に見て、漢字は画数が多い文字である。そして画数の多い漢字を多用するほど、文章の「見た目」は黒に近づく。見た目の黒さ、ごちゃごちゃ感は、そのまま圧迫感につながる。

とくに、ワープロ・パソコンが普及してからは、この傾向が顕著になっている。

変な言い方になってしまうが、パソコンがあれば「書けない漢字」まで書けてしまう。自分の恥をさらすなら、ぼくだって「薔薇《ばら》」「麒麟《きりん》」「憂鬱《ゆううつ》」などの漢字は、手書きすればどこかで間違えると思う。パソコンだからこそ、書けているのだ。

そして難解な漢字を書くのに苦労しなくなると、なぜか漢字を多用したくなる書き手が増えるのだ。きっと、そのほうが賢く見える気がするのだろう。

しかし、視覚的リズムの観点からいうと、**漢字を多用した文章は第一印象が悪い**。ページ全体が黒くてごちゃごちゃするのもそうだし、読めない漢字が混ざっていると、読者の足はそこで止められる。

覚えておこう。少なくともパソコンを使った文章で、どんなにたくさんの難しい漢字を駆使しようと、それは優秀さの証《あかし》ではない。

それでは逆に、ひらがなだらけの文章にすれば圧迫感もなくなり、視覚的なリズムが生まれるのだろうか?

答えは「ノー」である。

ひらがなにはひらがなの圧迫感がある。具体的にいうと、ひらがなは濁音《だくおん》を除くとわずか48文字しかない、しかも形状が非常に似通った「表音《ひょうおん》文字(音のみを表す文字)」だ。そのため、ひらがなが連続しすぎると、どこで切ったらいいのかわかりにくくなる。

このように、ひらがなだけがつづいたぶんしょうは、やさしいようにみえてじつはやさしくない。ひらがなにはひらがななりのあっぱくかんがあるのだ。わずかこれだけのぶんしょうでも、よみとおすのはそうとうくろうするだろう。もちろんこれはかたかなだけでかかれたぶんしょうでもどうようのことがいえる。

だからこそ、「漢字とひらがなのバランスを考える」なのだ。

先ほどまでの句読点や改行では、「黒が並んだオセロに白を置く」という感覚だった。しかし当然、漢字とひらがなはそうではない。むしろ「白が並んだオセロに黒を置く」となってくる。

白い(画数の少ない)ひらがなのなかに、黒い(画数の多い)漢字がある。それでこそ、黒が引き立つのである。**文章において引き立てるべきは、明らかに漢字だ。**

たとえば、われわれは興味のない新聞記事を眺めるとき、無意識のうちに本文中の漢字だけを拾い集める。漢字は、文字そのものが意味を表す「表意《ひょうい》文字」であり、パッと見た瞬間になにが書かれているかを把握できる。

そしてなんとなく「こんなことが書かれているんだな」とあたりをつけ、興味が湧けば頭から読む。すなわち、**漢字そのものが太字で書かれたキーワードのような役割を果たしているわけだ。**そんな読みやすさを持っているのが、漢字とひらがな・カタカナを併用した日本語の強みである。

これが漢字だらけの文章になると、キーワードを拾い集めるのが難しくなり、読みやすさは落ちてしまう。同様に、ひらがなだらけだとそれはそれで読みづらい。

まとめておこう。

視覚的なリズムを損なうもの、それは圧迫感である。スカスカではいけないが、文字を詰め込みすぎてもいけない。

そこで句読点によって「文字間＝縦」の圧迫感を解消し、改行では「行間＝横」の圧迫感を解消する。そして漢字とひらがなのバランスを整えることで「字面《じづら》そのもの」が持つ圧迫感を解消するのだ。

この3つを意識的に使いこなせば、視覚的なリズムはずいぶんよくなるはずである。

音読してなにをチェックするのか

視覚的リズムが整ったら、今度は聴覚的リズムである。

耳で聞いたときのリズム、実質的には「音読したときのリズム」のことなのだと思っていただきたい。

文章術を語る上で、音読とは一種の〝禁断の果実〟だ。

なぜなら、文章に関するあらゆるアドバイスが「音読すればオッケー」になりかねず、しかもそれは全然間違っていないのだ。音読とは、それほど身も蓋《ふた》もない万能選手なのである。

たとえば、自分の好きな小説を声に出して再読してみる。

そうすると、以前読んだときにはまったく気づかなかった言葉遣《づか》い、文章の隙間に紛れ込んでいた一節、巧《たく》みな文章の構成など、いくつもの新しい発見が待っているはずだ。あれほど慣れ親しんでいた（つもりだった）作者のリズムについても、意外なほど新鮮に響いてくる。

なぜ、音読にそれほどの効果があるのか？

おそらく、読む（黙読）という行為が受動的になりやすいのに対して、能動的に行われる音読は自分と作者との差異が明確になりやすいのだろう。

普通に黙読しているかぎり、大抵の文章はすらすらと読める。しかし、音読となると、なぜか言い淀《よど》んだり読み間違ったりする。別に緊張しているわけでも、知らない漢字があるわけでもない。

これはわれわれが音読をするとき、無意識のうちに「自分のリズム」で読もうとするために起こる現象である。

他人の文章を「自分のリズム」で読むから、歩調が合わず、言い淀んでしまう。

そこで、言い淀みがないように一言一句に注意を払い、自分の語彙やリズムとの違いを意識しながら読んでいく。その結果、これまで以上に作者の「言葉」や「リズム」の特異性が際立ってくる。……おそらく、こうした流れを経て、音読は黙読以上の効果を発揮するのだろう。自分が好きだと思う本、面白いと思う文章を音読する作業は、ぜひおすすめしたい。

それでは、自分の書いた文章を音読することには、どんな意味があるのだろうか？　自分の言葉と、自分のリズムで書いた文章だ。音読したところで特別な発見があるとは考えにくい。場合によっては、読経のように読み流してしまうかもしれない。

そこで自分の文章を音読する際のポイントを、2つだけ挙げておきたい。

①読点「、」の位置を確認する

先に見たように、読点にはもともと「文意を明確にして読者の理解を助ける」という役割がある。しかし、文章のどこに読点を入れたら文意が通じやすくなるかは、意外なほどに判断が難しい。

というのも、読点のないままダラダラ続く文章でも、書き手（自分）からすると文意は明確すぎるほど明確なのだ。「こう書いたんだから、当然こう読むに違いない」としか思えず、読者がどこでどう読み違えるかなど想像もつかない。だから読点を入れないまま、ダラダラとした文章を書いてしまうのである。

音読は、そんな自分に客観性を持たせる助けになる。

実際に音読してみると、頭の中で想定していた「こう読むに違いない」というリズムと、耳から入ってくる音のリズムに大きなギャップを感じるはずだ。
たとえば次のような文章があったとしよう。

アメリカのエリート層はどこの大学を出たかをあまり話題にしない。問題なのはどこの大学院を出たかなのだ。ハーバード大学のビジネススクール出身だとかイェール大学のロースクール出身だといった経歴が重視されそれまでどんな大学に通っていたかはさほど気にしない。

自分の頭のなかでは「アメリカのエリート層は／どこの大学を出たかをあまり話題にしない」と区切られている。しかし、音読すると扁平《へんぺい》なリズムになる。読点を入れてないためである。
しかもこのままでは「アメリカのエリート層はどこの大学を出たか／を（私は）あまり話題にしない」と誤読される可能性さえあるのだ。そうした誤読を避けるためにも、次のように読点を（必要に応じてカギカッコも）入れていくべきだろう。

アメリカのエリート層は、「どこの大学を出たか」をあまり話題にしない。問題なのは、「どこの大学院を出たか」なのだ。ハーバード大学のビジネススクール出身だとか、イェール大学のロースクール出身だといった経歴が重視され、それまでどんな大学に通っていたかは、さほど気にしない。

つまり、**文章のリズムを確認するツールとして、音読を使うのである。**自分の意図する箇所に「継ぎ目」としての読点が入っているか、音読によってチェックしよう。

②言葉の重複を確認する

同じ言葉が何度も重なると、文章のリズムは途端に悪くなる。

わかりやすいところで言うと、「〜である。」と締めた文のあとに、また「〜である。」とくるのは（特別な狙いがあれば別だが）リズムが悪い。「〜である。」と締めたあとの文では「〜だ。」など、別の語尾で締めるべきだろう。

これは語尾だけでなく、「そして」で始まった文のあとに、再度「そして」で始まる文を入れたりするのも避けるべきである。

また、たとえ連続していなくても「そして○○だ。しかし××である。そして△△なのだ。」と、同じ接続詞が近すぎる場所に出てくるのも禁物である。全体の文章量によっても異なるが、せめて3段落くらいは間を置きたいものだ。

もっとも、接続詞や語尾は文の目立ちやすい場所にあるので、音読するまでもなく気がつくかもしれない。音読するまで気づきにくいのは、次のようなタイプの重複だ。

> 引退するのは早すぎるという意見も多かったが、両膝に半月板《はんげつばん》損傷という爆弾を抱える彼は、サポーターの前で恥ずかしいプレーをしたくないという思いが強く、28歳という若さにして、いさぎよく現役引退という道を選んだ。

かなり大袈裟《おおげさ》に書いてみたが、この文章には「〜という○○」という言い回しが5回も登場している。ここで重複する言葉が漢字であれば、もっと気づきやすいだろう。**ひらがなの場合、どうしても前後の漢字に目を奪われて流すように読んでしまうところがあり、重複に気づきにくくなるのだ。**

また、よく見かけるのが「とても」「非常に」「かなり」など、副詞の重複である。多少なりとも、心当たりがあるのではないだろうか。

姉は映画がとても好きだ。特にB級ホラー映画のファンで、男の人からはとても驚かれるらしい。おかげで私も、B級ホラー映画にはとても詳しくなった。姉のような本格的ファンは、B級ホラーの馬鹿馬鹿しさを愛する人がとても多い。

このように、文中に埋もれやすい言葉（形容詞・副詞・助詞・指示代名詞など）の重複は一種のクセでもあり、書きながら自覚するのはなかなか難しい。かといって、書く前からあれこれ考えすぎると、今度は書く手が止まってしまうだろう。

まずは書いてみて、書き終えたあとに音読をする。この「小さなひと手間」を通じてチェックしていくのがいちばんである。

断定はハイリスク・ハイリターン

やや技術的な話が続いてしまったので、ちょっと違った角度から「リズム」を考察することでこの講義の終わりとしたい。

ここまで触れてこなかったが、文章にリズムを持たせるには、もうひとつシンプルな方法がある。

断定だ。言い切ってしまうことだ。

これは逆から考えるとわかりやすい。なかなか態度を明確にせず、歯切れの悪い物言いに終始している文章は、どうやってもリズムが悪い。口のなかでモゴモゴ言っているのが聞こえてきそうである。

一方、断定の言葉にはそれ自体に勢いがあるし、切れ味がある。

たとえば「日本の製造業は復活するのではないかと思われます」という言葉と、「日本の製造業は復活する」と断定されるのとでは、聞いていてどちらが気持ちいいだろうか？

内容の正確さからいうと、前者のほうが正確だ。

明日の天気から5年後の世界経済まで、将来の出来事を断定できる材料など、どこにもない。その意味では前者の言い方のほうが正しい。けれども、言葉の切れ味では後者のほうが圧倒的に鋭くなる。断定の言葉には、文章の論理性や正確性をも凌駕《りょうが》しかねない切れ味の鋭さがあり、リズムと勢いがあるのだ。

しかし、**断定の言葉はその切れ味の鋭さゆえのリスクが伴《ともな》う。**

断定の言葉は、あまりに強すぎるのだ。

人間の心には、物理の授業で習った「作用・反作用の法則」に似た働きがある。壁なら壁を10の力で押したら、同じ10の力で押し返される、というあの法則だ。

断定とは、基本的に自分の考えをゴリ押しするような表現である。しかし、人間の心理は、強く押されると反発するようにできている。10の力で押された読者は、条件反射のように10の力で押し返すのだ。まさに作用・反作用の法則である。

そのため、あまりに強い断定の言葉を持ってくると、強烈な反発を食らう可能性が高い。もちろん自分と同意見なら強く賛同するのだが、少しでも異なる意見を断定されると強く反発する。なかなかハイリスク・ハイリターンである。

そんなリスクを察知してか、日常会話のなかでもなるべく断定を避けている人は多い。たとえば「明日の試合は勝ちます」と言い切るよりも、「勝つつもりで試合に臨みます」とか「ベストを尽くします」と含みを残しておくほうがリスクは少ない。

ただし、こうした言葉に含まれる微妙な〝逃げ〟や〝保険〟には、みんな敏感に察知するものだ。そして一旦「逃げている」とか「ごまかしているな」と思われたら、もうおしまいである。あなたの言葉に説得力を感じる人は、ほぼ皆無になるだろう。

それでは、どうすれば断定という刃《やいば》を使うことができるのか？

やはり、論理なのだ。

断定する箇所の前後を、しっかりとした論理で固めるしかないのである。

どんな正論であろうと、どんな暴論であろうと、強く断定してしまえば条件反射としての反発は当然出てくる。そして、もしも文章のなかに論理の破綻した箇所があったら、読者はその一点を総攻撃してくる。

だから断定を使った文章では、いつも以上に論理の正確性が求められる。**特に断定した箇所の前後2〜3行には細心の注意を払おう。**

個人的にぼくは、みんな批判を恐れずもっと断定すべきだと思っている。これは文章もそうだし、日常会話でもそうだ。

断定するには相当な自信が必要だと思われるかもしれないが、ぼくの考えは逆だ。

自信があるから断定するのではなく、自信を持つために断定する、というアプローチを考えてもいいのではなかろうか。

逃げも保険も打たず、力強く断定すると、それだけで言葉に説得力が出る。

言葉に説得力があると、周囲の人たちは信頼してくれる。

周囲からの信頼を実感できると、自信が湧いてくる。

自信があるから断定するのか、断定するから自信が湧くのか、どちらが先なのかは大きな問題ではないだろう。

読者は説得力のある言葉を求めており、言葉の説得力は「断定というリスク」を冒《おか》してこそ生まれるのだ。

No.

Date

第1講のまとめ

文章は「リズム」で決まる

- 文体の正体は「リズム」である。
- 文章のリズムは、「論理展開」によって決まる。
- 「接続詞」を意識すれば、文章は論理破綻しにくくなる
- 支離滅裂な文章は、文と文の「つなげ方」がおかしい
- 美文より「正文」を目指す。
- 主観を語るからこそ、客観を保たなければならない。

文章の「視覚的リズム」

①句読点の打ち方

- 1行の間に必ず句読点をひとつは入れる。

②改行のタイミング

- 最大5行あたりをメドに改行する。

③漢字とひらがなのバランス

- ひらがな(白)のなかに、漢字(黒)を置く。

文章の「聴覚的リズム」

- 音読は、文章のリズムを確認するために行う。
- 文章を音読する際の、2つのポイント。

①読点「、」の位置を確認する。

②言葉の重複を確認する。

断定により、文章にリズムを持たせる

- 「断定のリスク」を乗り越えるためには、断定する箇所の前後2〜3行を、しっかりとした論理で固める

第2講

構成は「眼」で考える

★カメラワークに学べ！

★導入は〝予告編〟

★論理のマトリョーシカ

文章の面白さは「構成」から生まれる

新しい講義に入る前に、ここまでのポイントを簡単にまとめておこう。これは「話し言葉から書き言葉へ」の全体を貫くバーベキューの串であり、大前提でもある話だ。

①文章には〝**文体**〟と呼ばれるものがある
②文体とは〝**リズム**〟である
③文章のリズムは〝**論理展開**〟によって決定づけられる

ほかにも接続詞の話、視覚的リズムと聴覚的リズムの違いなど、いろいろと紹介してきたが、じつは第1講でまったくと言っていいほど触れなかったポイントがある。

そう、③の〝論理展開〟だ。

論理やリズムの意味については十分すぎるほど見てきたものの、その論理を「どう展開させるか?」の具体策には、あえて踏み込まなかった。前回の講義に詰め込むにはあまりにも大きく、ひょっとすると本講義をまるまる使っても語りきれないほどの大テーマだからである。

おそらく〝論理展開〟という言葉は、日常生活でそう頻繁にお目にかかるものではないだろう。文章術を扱った類書でも、この言葉を主要なキーワードとして挙げた本はほとんどないはずだ。

しかし、これが〝構成〟という言葉だったら、どうだろうか?

文章を論理的にとらえ、「どう展開させるか?」と考えること。それはすなわち文章の構成を考えることに他ならない。

さて、第2講のテーマは文章の構成だ。

構成とはつまり、よくいう起承転結《きしょうてんけつ》や序破急《じょはきゅう》、あるいは序論・本論・結論などに関する話だと思っていただきたい。

第1講でぼくは、やや強引な形で「文体とは〝リズム〟である」と言い切った。そこから論理的文章についての話が続いてしまったため、やや〝文体〟という言葉が宙に浮いてしまった感があったはずだ。

そこで「文体とは〝リズム〟である」という言葉について、ひとつ言明《げんめい》しておきたい。

文体の妙《みょう》、文章の個性、あるいは文章の面白さ。これらを決めているのは、ひとえに構

成である。論理展開である。

同じ素材であっても、論の進め方、料理の仕方によって文章はまったく違ったものになる。火の入れ方を間違ってはいけないし、塩と砂糖を間違ってもいけないのだ。

わかりやすい話をしよう。

新作映画の公開が近づくと、出演者たちはさまざまなメディアに登場して、積極的な告知活動に励む。記者・ライターたちは彼らにインタビューを行い、原稿を書くわけだ。

素材（出演者）は同じである。そして語られる内容も、ほとんど同じだ。「映画の見どころ」「自分の役どころ」「監督の印象」「現場でのエピソード」「ファンへのメッセージ」などである。

しかし、でき上がる原稿は書き手によってまるで違ったものになる。

明日にでもその映画を観たくなるような原稿、出演者個人への興味をくすぐる原稿、あるいは情報を羅列《られつ》しただけの原稿。おそらく、**同じ取材テープ（同じ元ネタ）を使って10人のライターに書かせたとしても、10通りの原稿ができ上がるだろう。**

なぜなら、書き手によってそれぞれ論理展開が違っているからだ。取材で出てきたどの言葉をチョイスし、どんな順番で論を進め、どんな言葉で締めくくるか、まったく違ってくるからだ。そして論理展開が違えば、文章の面白さ、読みやすさ、リズムにも明確な差が出る。ここには客観的な正解はない。だからこそ難しいのである。

起承転結は悪なのか?

文章の構成と聞いて、まず思い浮かぶのが「起承転結」だろう。

もともとは漢詩(絶句《ぜっく》)の構成法ということだが、現代の日本人にとっては4コマ漫画のオーソドックスな構成法としてのほうが、馴染み深い。実際、新聞の社会面に載る4コマ漫画は、ほとんどが起承転結のルールを守っている。

さて、この起承転結ほど人によって評価の分かれる話もない。

嫌う人は、徹底的に嫌う。ぼく自身、ライターの仕事を始めて以来、起承転結の重要性を説く先輩にはお目にかかった記憶がない。面白いことに、文章の専門家を自認する人ほど「起承転結などにとらわれるな!」と叱咤《しった》するものだ。

起承転結という言葉は、専門家に蔑《さげす》まれる一方で、むしろ文章とは関係のないところで使われることが多い。とりとめのない話をする人に対して「起承転結もない話」だと小馬鹿にしたり、波瀾万丈《はらんばんじょう》な人生を起承転結になぞらえたり、不慣れな結婚式のスピーチを起承転結でまとめようとしたり、である。

ぼく自身の話をするなら、これまで仕事で（結果的にそうなったかどうかは別として）起承転結を意識しながら文章を書いたことは、一度もない。だから思わず「起承転結にとらわれるな！」と言いたくなるのだが、じつはそれほど忌《い》み嫌うべきものではないし、**むしろその存在価値を大いに再評価するべきだと思っている。**

たとえば、日本サッカーの歴史を時系列で語っていくとしよう。

サッカーファンの多くは、デットマール・クラマー氏による代表チーム改革あたりからその歴史を語り始めるだろう。東京五輪を控《ひか》え、サッカーの本場ドイツから招聘《しょうへい》された名コーチだ。そしてメキシコ五輪での銅メダル獲得、そこから続く長い冬の時代。さまざまなトピックを語っていくなかで、おそらく次のような一文が入ってくる。

「転機となったのは、1993年のJリーグ開幕である」

……どうだろう、この一文が入るだけでその先なにを書けばいいか、またどんな結論が待っているか、サッカーファンならずとも見えてくるのではないだろうか？

別にサッカーにかぎった話ではない。

誰かの人生を語るときでも、企業の歴史を語るときでも、われわれはどういうわけだか「転機となったのは……」「ここで現れたのが……」といった〝転〟を表す一文を入れたのちに、結論に移ろうとする。

もちろん、これは起承転結の〝転〟だ。

とくに起承転結を意識していたわけでもないのに〝転〟となる一文を差し挟み、文章の流れを変え、リズムを整え、読者の興味をグッと引きつけている。

自然とこんなことをやってしまうのは、**起承転結のリズムがほとんど無意識のレベルにまで染みついているからだろう。**

もうひとつ、起承転結と聞いて思い出すのが、映画監督の北野武《たけし》さんである。

監督業のみならず脚本や編集も手掛ける北野監督は、インタビューなどで自らのシナリオは4コマ漫画がベースになっていることを明かしている。

起承転結でいう〝結〟にあたる1枚のイメージ（映像）が先にあって、そこから逆算するように〝起承転〟の3枚を思い描く。そして4枚のイメージを4コマ漫画のように見立てて、全体のストーリーを肉付けしていく、というのだ。

かなりユニークで視覚的な構成法だが、それができるのもわれわれ日本人のなかに4コマ漫画の文化、起承転結の伝統があるからだろう。

ちなみに、海外には起承転結型による4コマ漫画の伝統はないようで、英語版ウィキペディアでも4コマ漫画はそのまま「Yonkoma」として紹介されている。

文章の構成に悩んだとき、北野監督のように4コマ漫画をイメージして論を組み立てる手法は、試してみる価値がありそうだ。

われわれ日本人は自らの体内に起承転結のリズムを内包《ないほう》している。

教育のせいなのか、文化的背景があってのことなのか、詳しい理由はわからない。それでもわれわれの身体には、すでに起承転結のリズムが染みついている。

だとすれば、起承転結の流れに従った文章も、心地よく響くはずである。ありきたりな構成に思えるからといって、無下《むげ》に否定することもないだろう。

文章のカメラワークを考える

起承転結が避けられがちなのには、ひとつ大きな理由がある。意外かもしれないが、起承転結の要《かなめ》ともいえる〝転〟の存在が問題なのだ。物語をストーリー仕立てで語るとき〝転〟が入る効果は、とてつもなく大きい。

4コマ漫画を考えてみても、読者が「えっ?」「どういうこと?」と引き込まれるのは〝転〟の3コマ目である。それまでの流れをバッサリ否定したり、突如として新しい要素(たとえば新しいキャラクターや突発的アクシデントなど)が飛び込んできたりするため、次の展開に注目せざるをえなくなるのだ。

しかし、そもそもビジネスや学術系の実務的な文章には「えっ?」「どういうこと?」という驚きの要素など必要ない。**起承転結の〝転〟は、ストーリー仕立ての流れにおいてこそ、効果を発揮するのである。**

むしろビジネス文書などでは、読者を戸惑わせることなく、スムーズに読んでもらうことが重要になる。ここで起承転結にこだわるのは明らかに誤りだ。

ということもあって現在、小論文などで広く使われているのが「序論・本論・結論」による3部構成である。

はっきり言って、起承転結よりもこちらのほうがずっと書きやすい。しかも文中に不用意な〝転〟がないだけに読者の違和感や誤読も少なくなる。

しかし、「序論・本論・結論」の3部構成は起承転結に比べて、具体的にどう書けばいいのかイメージしづらい、という欠点がある。起承転結であれば、4コマ漫画を思い浮かべれば展開をイメージできる。最高にわかりやすいお手本が新聞や雑誌にたくさん掲載されている。

それに比べて、「序論・本論・結論」には手っ取り早いお手本がない。3コマ漫画なんて聞いたこともないし、そもそも「序論・本論・結論」というネーミング自体が、いかにも学術用語っぽくてイメージを喚起《かんき》させられない。

そこでおすすめしたいのが、映画やテレビドラマなどの映像表現を参考にする、という手法だ。

とくに芸術性よりも「わかりやすさ」や「伝わりやすさ」「手っ取り早さ」などが優先される、テレビの再現フィルムなどを参考にするといいだろう。

たとえば「ある男の子が大学構内で出会った女の子に恋をして、湘南《しょうなん》の浜辺で告白し、見事ハッピーエンドを迎える」というベタな内容の再現フィルムがあったとする。

このとき注目するのは、カメラの位置と距離、そして役割である。

①導　入……客観（俯瞰《ふかん》）のカメラ
ドラマが始まる前に必要なのは「いまからなにが始まるか？」の説明だ。

なんの事前情報も持たない視聴者に対して、制作者はまず「ここは大学ですよ」「季節は春ですよ」などの状況説明をする必要がある。

そのため、ファーストカットは（かなりの高確率で）大学のキャンパス・校舎を、遠くから眺める映像になる。校舎だけでなく、一緒に並木道や芝生《しばふ》の緑などを収めれば、季節感を伝えることもできるだろう。

もちろん、これがオフィスラブを題材とした恋愛ドラマなら、ファーストカットはオフィス街の遠景になる。いきなり脇役の部屋から始まるようなドラマでは、視聴者の混乱を招くだけだ。

②本　編……主観のカメラ

続いてカメラは主人公の男の子をとらえ、女の子をとらえる。女の子との出会い、初めて声をかけたときの緊張した様子、楽しげに電話で話す顔、初デートの映画館。カメラが遠景になることはほとんどなくなり、きわめて近い距離（半径数メートル）でのショットが続く。

そして物語のクライマックスとして湘南の海に出かけ、ついに愛の告白をする。彼女は笑顔でそれに応《こた》え、見事2人は結ばれる。このあたりは顔のアップなど、主観的ショットの連発になるだろう。

③結末・エンディング……客観（俯瞰）のカメラ

最後のエンディングだが、ここでカメラはもう一度遠くから2人をとらえる。夕陽の沈む水平線を背景に、美しい風景の一部として2人を描き出す、などはよくあるシーンだ。こうして主人公たちから距離をおくことで、ナレーションやテロップなどの「客観的な解説」も入れやすくなる。

また、静的なロングショットに切り替わることによって、視聴者はアクション（物語）が終わったことを知り、ハッピーエンドを受け入れる。

かなり大ざっぱで再現フィルムらしいベタな流れだが、大枠のところは外していないだろう。つまりカメラは、

①導　入……客観のカメラ（遠景）
②本　編……主観のカメラ（近景）
③結　末……客観のカメラ（遠景）

と視点を切り替えることで観客・視聴者の理解を促《うなが》しているのである。

ずっと遠景ばかりのカメラがありえないのはもちろん、主人公の半径3メートルだけで撮られた映像でも、うまく伝わらない。ロングショットからクローズアップまでうまく組み合わせてこそ、物語は自然に進行する。

さて、ぼくは文章を書く人間も、もっと文章における〝カメラ＝眼〟の存在を意識すべきだと思っている。つまり、こういうことだ。

①序　論……客観のカメラ（遠景）
②本　論……主観のカメラ（近景）
③結　論……客観のカメラ（遠景）

①の序論で語るのは、客観的な状況説明だ。
これから本論でなにを語るのか、なぜそれを語る必要があるのか、世のなかの動きはどうなっているのかなどを、客観的な立場から明らかにする。カメラはずっと高い地点から俯瞰で対象をとらえている。

続いて②の本論で語るのは、それに対する自分の意見であり、仮説である。

カメラは対象にグッと近寄り、かぎりなく主観に近いポジションから対象を描いていく。自説を補強・検証するためにロングショットを差し挟むことはあっても、基本的には半径数メートルの映像だ。

そして③の結論では、再び客観的な視点に立って論をまとめていく。展開された自らの意見を「風景の一部＝動かしがたい事実」として描くわけである。

これは大枠の構成に限った話ではない。文章を書くときには常にカメラワークを意識しよう。

カメラはいまどこに置かれ、どんな順番で、なにをとらえているのか。対象との距離感はどれくらいなのか。同じ距離、同じアングルばかりが続いていないか。場面（論）が転換する際に、それを知らせる遠景のショットは挿入《そうにゅう》したか。

カメラを意識するようになると、文章と文章のあるべき順番も理解しやすくなる。文章の説得力も増してくる。

そしてもちろん、文章全体にメリハリがついて、リズムもよくなってくる。

これから映画やテレビを見るときには、ストーリーだけでなく、もっとカメラワークに注目するようにしよう。何気なく撮っているような風景も、そこにはかならず制作者の意図が隠されているのだ。

導入は「映画の予告編」のつもりで

『起承転結』や『序論・本論・結論』の話をされても、いまいちピンとこない」

「そんなものが本当に必要なのかと、どうしても疑ってしまう」

ここまでの話を聞いて、もしそんな疑問が浮かんでいるとしても、別にかまわない。ある意味、健全な感想である。

というのも、「起承転結」や「序論・本論・結論」は、論文や本格的レポートなど、かなり長い文章で使われる枠組みなのだ。

具体的には1万字、原稿用紙で25枚を超えるあたりから必要となるもので、数百字や数千字程度の文章には厳密な起承転結はなくてもかまわない。

しかもわれわれは、1万字を超えるような文章を書く機会など、ほとんどない。せいぜい原稿用紙で3～4枚、長くても5枚程度が限度だろう。企画書や報告書、日記やブログ、あるいはライターが書く雑誌原稿も、この範囲に収まることがほとんどである。

本講義では、原稿用紙5枚以下に収まるコンパクトな文章のことを「日常文」と呼ぶことにする。コンパクトさが売りの日常文を、しかもエッセイ風のブログなんかを、きっちり起承転結に分けて書いていたら、逆に堅苦しくなるだけだろう。

じゃあ、日常文はどんな順番でどう書いてもいいのか？

大きくはイエス、部分的にはノーだ。

たしかに日常文で起承転結を気にする必要はない。

しかし、**日常文だからこそ大切になる要素がある。それは導入部分の書き方だ。**

これは第3講で詳しく論じるテーマになるが、ある文章を読むか読まないかの選択権は、読者にある。

最初の数行を読んでつまらないと思ったら、もう読んでもらえない。

小論文や課題作文であれば読者（教師や評者）にも読み通す責任があるが、一般的な日常文にはそれがない。**読者はいつも「読まない」という最強のカードを手に、文章と対峙《たいじ》しているのである。**

となれば、導入の目的はひとつしかないだろう。

読者を劇場へと誘導し、まずは〝椅子《いす》〟に座ってもらうことだ。本編の上映は、そのあとの話である。

カメラワークの話に続き、再び映画との比較をしてみよう。

映画の場合、必ずしも導入部分に全力を注《そそ》ぐわけではない。静かに始まり、最初の5分くらいは、それが社会派映画なのかアクション映画なのかさえわからないまま、淡々《たんたん》と物語が進んでいくこともある。

なぜなら、観客はすでに劇場の〝椅子〟に座っているからだ。ここからエンドロールまでの2時間は、余程のことがないかぎり観客は席を立たない。だからたとえ静かな導入でも、あとからいくらでも挽回《ばんかい》できる。

しかし、ここで疑問が出る。

いったい映画は、どうやって観客を〝椅子〟に座らせるのか？

映画産業が発明した最強の導入ツール、それは「予告編」である。

たとえば本の場合、最近はネット上で最初の数ページを試し読みできるようになってきた。音楽でも、各曲の冒頭30秒を試聴できたりする。

ところが、映画の予告編は根本思想が異なっている。ただ冒頭の数分を見せるのではなく、本編を短く再編集し、場合によっては一個の作品といえるくらいのクオリティで予告編を制作するのだ。

わずか数十秒から1～2分程度の予告編に、映画の見どころを余すところなく詰め込み、観客の期待を煽《あお》り、けれども〝ネタバレ〟は厳《げん》に避けつつ、なんとか〝椅子〟に座ってもらう。予告編が観客動員に果たす役割は、かなり大きい。

文章の導入も、まったく同じだと考えるべきである。**いかにして読者の期待を煽り、本編まで読み進めてもらうか。**考えるのはそこだ。

予告編の基本3パターン

では、具体的に「予告編としての導入」を見ていこう。ここでは簡単に3パターンの導入を紹介する。

①インパクト優先型

先にも述べたように、導入のカメラは遠景から入るのが基本だ。

しかし、その前にいきなりインパクトのある結論を持ってきてもかまわない。**あえて冒頭に読者が「おっ?」と興味を惹《ひ》くような結論を持ってきて、そこからカメラをロングショットに切り替えるのだ。**たとえば、次のような導入である。

いま、ご当地レトルトカレーが熱い。

高度成長期、核家族化や共働きの流れに合わせて登場したレトルトカレー。湯煎《ゆせん》するだけで温かいカレーが食べられるとあって、瞬《また》く間にヒット商品の仲間入りを果たした。しかしこれまで、手軽で安価なインスタント食品との印象が拭《ぬぐ》えなかったのも事実である。

そんなレトルトカレー界に、近年「ご当地もの」という新たなジャンルが生まれ、静かなブームを呼んでいるという。

これもぼくがつくった適当な例文だが、冒頭に強めの結論を持ってきている。

もしも、この一文を取って冒頭から「高度成長期、核家族化や共働きの流れに合わせて登場した～」と始めてしまったら、いかにも堅苦しく退屈で、読者は〝椅子〟に座ってくれないだろう。

このように結論を先に述べてしまうのは、映画の予告編でとっておきのアクションシーンや決めゼリフを見せるのと同じ手法だ。一見すると〝ネタバレ〟のようだが、前後の文脈を断ち切り、関心の導線として挿入しているかぎり、なんら問題はない。

②寸止め型

続いて、ホラー映画の予告編でよく使われる〝見せない〟という手法も、観客の期待を煽るのに有効だ。

舞台（夏のキャンプ場など）の説明を行い、登場人物を軽く紹介し、そこに忍び寄る何者か（連続殺人犯やゾンビなど）の影を映し、殺害の瞬間を見せることなく、恐怖に引きつる被害者の顔を映し、叫び声だけを響かせる。**核心部分は観客に想像させるのだ。**

先のレトルトカレーの導入なら、こんな感じに変化する。

いま、にわかに脚光を集めるレトルトカレーがある。

高度成長期、核家族化や共働きの流れに合わせて登場したレトルトカレー。湯煎するだけで温かいカレーが食べられるとあって、瞬く間にヒット商品の仲間入りを果たした。しかしこれまで、手軽で安価なインスタント食品との印象が拭えなかったのも事実である。

そんなレトルトカレー界に、近年まったく新しいジャンルが生まれ、静かなブームを呼んでいるという。たかがレトルトと侮《あなど》るなかれ。もはやレトルトカレーは、インスタント食品の枠を越えた、高級お取り寄せグルメなのである。

核となる部分にはいっさい触れず、味や素材についても言及していない。ただひたすら周辺情報を盛り上げることで、読者の「見たい」や「知りたい」を喚起させる。あまりうまくない例文だが、雰囲気はわかっていただけただろう。

これはぼくが「タイガーマスク理論」と密《ひそ》かに呼んでいるもので、**人は正体を隠されると、是《ぜ》が非《ひ》でもその中身を知りたくなるものなのだ。**

覆面レスラーは〝正体不明のマスクマン〟であることに価値がある。〝誰々がマスクを被《かぶ》っている〟では、なにも面白くない。

しかし同時に「どうやら正体は日本人らしい」とか「空手の有段者らしい」「メキシコでも活躍していたらしい」など、正体を知るための手掛かりとなるちょっとした周辺情報がないと、想像力をかき立てられない。

ぼくが小学生のころ、「千の顔を持つ男」との異名を持つ、ミル・マスカラスというメキシコの覆面レスラーが大人気だった。もちろん、その正体は誰も知らない。あのマスクの下にはどんな素顔が隠されているんだろう、とワクワクしていた。

そんなある日、プロレス雑誌で「ミル・マスカラスの素顔を知っている日本人は成田空港の入国審査官だけなのだ。その入国審査官によると、覆面を脱いだマスカラスの素顔は驚くほどハンサムらしい」という一文を読んで、身悶《みもだ》えした覚えがある。

いま振り返っても、なんてすばらしい設定なんだと感心する。「入国審査官しか知らないのか！」という驚きと、「だけど正体を知っている日本人がいるんだ！」という興奮に、打ちのめされたものだ。

もう少しで正体を突きとめられる、というギリギリのところまで情報を開示するのが、興味を引きつけるポイントなのである。

③Q&A型

最後に、もっともオーソドックスなのが「Q&A型」の導入である。

これは映画というより、ドキュメンタリーなど情報・教養番組の予告編に使われることの多いパターンだ。おそらく学生時代に小論文の授業で習った導入も、ここに該当するのだろう。なかなか難しいが、やはりレトルトカレーの文に当てはめてみよう。

高度成長期、核家族化や共働きの流れに合わせて登場したレトルトカレー。

湯煎するだけで温かいカレーが食べられるとあって、瞬く間にヒット商品の仲間入りを果たした。しかしこれまで、手軽で安価なインスタント食品との印象が拭えなかったのも事実である。

そんなレトルトカレー界に、近年「ご当地もの」という新しいジャンルが生まれ、静かなブームを呼んでいる。全国各地の名産品を使った、ご当地ならではのレトルトカレーである。現在ではお取り寄せグルメとしても定着し、生産が追いつかない商品も少なくない。いったいなぜ、それほど人気を呼んでいるのだろうか?

その秘密は、肉や魚介に野菜まで、どんな種類の特産品をも受け入れてしまう、カレーという料理の懐《ふところ》の深さにあった――。

一読してわかるように、もはや導入だけで問いと答えが揃《そろ》っている。

寸止め型の〝見せない〟導入とは逆に、読者に対してなるべく早く情報提供をしてしまうのだ。そして、与えられた情報に興味を覚えた読者は〝椅子〟に座って、続きの詳しい説明に耳を傾ける。

仮に導入だけで〝椅子〟に座らなかったとしても、ここで読むのをやめてしまったとしても、メッセージの骨子《こっし》は伝えられる。**面白味は少ないが、いちばん手堅い導入といえるかもしれない。**

いずれにせよ、導入はどんなに気をつかっても足りないほど、大切なものだ。

以上の3タイプ、「インパクト優先型」と「寸止め型」、そして「Q＆A型」をうまく使いこなせば、日常文には十分だろう。

そしてまた、映画館やテレビCMで面白い予告編を見たら、それがどんな構造によって成り立っているのか考えてみよう。文章のお手本は、いろんなところに転がっているはずである。

論理展開のマトリョーシカ人形

文章に一貫した論理性を持たせるために、前回の講義では、接続詞に注目することを提案した。

文と文の「接続詞＝連結器」に注目することで、前後の文がつながらない（論理破綻する）ことを回避しようとしたわけだ。

ここからは、もっと文意に沿った論理展開のあり方を考えてみたい。

そもそも「論理的である」とは、どういうことだろうか？

ぼくはロジカルシンキングの専門家ではないし、そちらの定義からすると間違ったところがあるかもしれない。

ただし、さほど難しく考える必要はないだろう。単純に字面を見ていけばいい。**論理的であるとは、すなわち「論が理にかなっている」ということだ。**

論理という言葉だけで考えると、なんとなく論をこねくり回すことのように勘違いしてしまう。しかし「論」と「理」を分割して考えていけば、あるべき論理展開の姿が見えてくる。

ここでの「論」とは〝主張〟のことだと考えればいい。

そして「理」は〝理由〟と考える。

つまり、自らの主張がたしかな理由によって裏打ちされたとき、その文章は「論理的」だと言えるのだ。

この構造は、マトリョーシカ人形に似ている。

マトリョーシカ人形とは、人形のなかにひと回り小さな人形が入り、その小さな人形のなかにまたひと回り小さな人形が入り、と入れ子構造になったロシアの有名な民芸品だ。プーチンのなかにエリツィンが、エリツィンのなかにゴルバチョフが、ゴルバチョフのなかにブレジネフが、そしてフルシチョフ、スターリン、レーニンといった感じで歴代指導者が順繰《じゅんぐ》りに入っているタイプなど、ユーモアあふれる土産物としても人気が高い。

さて、論理的な文章のマトリョーシカは、次の3層になっている。

①大マトリョーシカ　主　張……その文章を通じて訴えたい主張
②中マトリョーシカ　理　由……主張を訴える理由
③小マトリョーシカ　事　実……理由を補強する客観的事実

いちばん大きな「主張」の人形を開けると、なかにはちゃんと「理由」が入っている。そして「理由」の人形を開けると、そこには小さな「事実」が入っている。

つまり、中身のスカスカな主張ではなく、フタを開けるとしっかりとした理由があり、理由を支える事実がある。**この3層構造が守られているのが、論理的文章なのだ。**

それぞれのマトリョーシカをどうつくっていくのか、順番に見ていこう。

すべての文章には〝主張〟が必要だ

文章を書くからには、なにかしら伝えたいことがあるはずだ。

たとえそれが企画書やレポートなどの「書かされる文章」であっても、そこには伝えるべきことがあるはずだ。

ところが、読み終えたあとに「結局なにが言いたかったんだ？」と困惑する文章は、意外なほど多い。これは文才やテクニックの問題ではないと、ぼくは思っている。

書き手自身が「自分がなにを書こうとしているのか」をあいまいにしたまま書いたため、読者になにも伝わらないのである。

要するに、文章のなかに〝主張＝メッセージ〟がないのだ。

主張やメッセージという言葉には、弁論大会のような肩肘《かたひじ》の張った印象があるかもしれない。そこでこれを〝言いたいこと〟と言い換えてもかまわないだろう。**文章を読むとき、読者は必ず「この人はなにが言いたいのだろう？」と考えながら読んでいる。**書き手の姿が見えないことには、読み手としての軸も定まらないのだ。

それでは具体的に、主張なき文章とはどんなものか、ひとつ例を挙げてみよう。

かつて中国といえば、人民服を着た人々に道を埋めつくさんばかりの自転車、というイメージが定番だった。しかし現在、北京や上海には高層ビルが建ち並び、人民服姿を探すほうが難しい。オリンピックと万博《ばんぱく》を次々と成功させ、GDPでも日本を追い越した中国は、名実ともに世界の超大国なのだ。

良好な日中関係の構築は、これまで以上に重要な課題となっている。

この文章は中国のことを語っているようでいて、じつはなにひとつとして「語って」いない。

書き手の主張がいっさい入っておらず、読者からすると「だからどうした」「そんなこと知ってるよ」以外の感想が出てこないのだ。

おそらく、書き手の側にも「中国は大きくなった」という以外に、伝えるべきことが見つかっていないのだろう。

文章を書くとき、われわれは「結局なにが言いたいんだ？」という問いに〝ひと言〟で答えられなければならない。〝主張〟とは、そういうことだ。

というわけで、この文章に〝主張〟を加えたら、こんな感じになるだろう。

かつて中国といえば、人民服を着た人々に道を埋めつくさんばかりの自転車、というイメージが定番だった。しかし現在、北京や上海には高層ビルが建ち並び、人民服姿を探すほうが難しい。オリンピックと万博を次々と成功させ、GDPでも日本を追い越した中国は、名実ともに世界の超大国なのだ。

安い労働力を求めて中国進出する時代は終わった。これからは「世界一の消費力」を求めて中国市場への進出を考えなければならない。

締めの一文を変えただけだが、こうすることで前段の「中国は大きくなった」という話をした理由が明らかになるし、このあとどんな論を展開していくかの道筋も見えやすくなる。**〝主張〟が明確になることで文章全体が読みやすくなるのだ。**

とはいえ、すべての文章に〝主張〟が必要なのか、という疑問はあるだろう。

あまり「俺が俺が」と自分を前面に押し出すと、かえって読者の反発を食らってしまうのではないか。読者が読みたいのは「私の意見」などではなく、客観的な情報ではないのか。なにかを声高に〝主張〟するよりも、材料だけを提供してあとは読者の判断に委《ゆだ》ねるほうがいいのではないか。

はっきりと言う。

これらはすべて間違いである。

なぜか。たしかに文章の目的は「伝えること」だ。Aという情報があり、それが読者に伝わるのなら、第一の目的は達したことになる。

しかし、ここで考えなければならないのは「なぜ伝えるのか?」という自らへの問いかけである。どうして文章などというまどろっこしい手段を用いて、多大な時間と労力を費やして、自分は書いているのか。

理由はただひとつ、読者を動かすためだ。

自分が有益だと思った情報を伝えることで、他者の心を動かし、考えを動かし、ひいては行動まで動かす。

文章を書くことは、他者を動かさんとする〝力の行使〟なのである。

だとすれば、自分の〝主張〟を明らかにするのも当然のことだろう。

もちろん〝力の行使〟には、それ相応の反発を伴う。しかし、反発が恐ろしいくらいなら、文章など書かないことだ。

〝理由〟と〝事実〟はどこにあるか

どんなに立派な〝主張〟があっても、中身が空っぽでは意味がない。

主張を「論理的なもの＝理にかなったもの」とするには、ここに〝理由〟という第二のマトリョーシカが必要になり、もうひとつ〝事実〟という第三のマトリョーシカが必要になるのだ。

身近なレベルで考えてみよう。

たとえば、あなたが友達と飲んでいるときに「サッカー日本代表は次のW杯でベスト8に入る」と断言したとする。これもひとつの〝主張〟だ。

すると友達は「どうしてそんなことが言えるんだ？」と聞いてくる。

あなたは「2002年と2010年のW杯ではベスト16に入った。そしていまの日本代表は、当時とは比べものにならないくらい強くなっている」と答える。これは〝理由〟である。しかし、これだけではいかにも主観的な意見で論拠に乏しい。

そこであなたはこう付け加える。

「いまは海外リーグで活躍する日本人選手が増え、代表チームの半分以上がヨーロッパでプレーしている」

「かつて海外で活躍する日本人選手はミッドフィルダーが中心だったが、最近ではゴールキーパーからフォワードまで、全ポジションで日本人選手が活躍している」

どちらも主観的な意見ではなく、客観的な〝事実〟である。そして客観的事実を述べることによって、意見の正当性が補強されている。

こうして〝主張↓理由↓事実〟のマトリョーシカ構造ができあがると、「サッカー日本代表は次のW杯でベスト8に入る」という話にも、それなりの説得力が出てくるだろう。少なくとも「なんとなくベスト8くらい行けそうな気がするんだよ！」と開き直るよりは、ずっとマシだ。

もっとも、この程度の論理展開であれば、マトリョーシカがどうしたなどと意識することなく、日常会話のなかで実践できているはずだ。

ただし論理展開に無頓着《むとんちゃく》な人が書いた文章では、この〝理由〟と〝事実〟のいずれかが抜け落ちたパターンがよく見受けられる。たとえば、次のような文章だ。

大相撲の人気回復策として、ナイター制の導入を提案したい。なぜなら、プロ野球もナイター制をとっている。

言いたいことはわからないでもない。プロ野球との比較も悪くない。しかし、この文章に納得する読者はいないはずだ。

ここには「ナイター制を導入すべき」という主張と、「プロ野球もナイター制をとっている」という事実をつなぐ〝理由〟が欠けている。次のように、しっかりとした理由を入れなければならない。

大相撲の人気回復策として、ナイター制の導入を提案したい（主張）。なぜなら、平日の昼間に取組《とりくみ》を行っても、会場に足を運べるファンはかぎられるからだ（理由）。事実、プロ野球も平日開催のゲームはナイター制をとっている（事実）。

こうなると、論旨がはっきりする。〝理由〟が〝主張〟を支え、〝事実〟が〝理由〟を補強する、というマトリョーシカ構造ができあがっているからだ。

もちろん、これが「大相撲の人気回復策として、ナイター制の導入を提案したい。なぜなら、平日の昼間に取組を行っても、会場に足を運べるファンはかぎられるからだ」と、〝事実〟の抜け落ちた文章になるのもよくない。**〝事実〟を入れず、主張と理由だけで構成しようとしても、詰めの甘い文章になってしまうだけだ**。文章のマトリョーシカには、やはり3つの層が必要なのである。

なお、ここではわかりやすく論理が〝主張→理由→事実〟という順番に並んだ文章を紹介してきたが、別に順番が変わってもかまわない。たとえば、次のような感じだ。

　このところ、若い世代の大相撲人気が急落している（事実）。そこで大相撲の人気回復策として、ナイター制の導入を提案したい（主張）。なぜなら、平日の昼間に取組を行っても、仕事や学校のある世代は会場に足を運べないからだ（理由）。

ここでは〝事実→主張→理由〟の順で構成されている。ちなみにカメラの位置は「客観」「主観」「客観」だ。おそらく実際に文章を書く上では、こちらの順番のほうがスムーズになるだろう。

気をつけたいのは、このとき肝心の〝主張〟を入れ忘れて「このところ、若い世代の大相撲人気が急落している。平日の昼間に取組を行っても、仕事や学校のある世代は会場に足を運べないのだから当然だ」と、主張なき文章にしてしまうことだ。

自分の文章のなかに〝主張〟〝理由〟〝事実〟の3つがあるか、そしてその3つはしっかりと連動しているか、いつも意識するようにしよう。

〝面倒くさい細部〟を描く

これは構成というこの講義のテーマからは若干外れてしまうのだが、せっかくの機会なので触れておこう。〝事実〟をいかに扱うか、という話だ。エピソードそのものは箸休《はしやす》め程度に聞いていただければけっこうである。

小学生のころ、ぼくは漫画家になりたかった。

ストーリーを考えるのは好きだったし、絵もクラスのなかではうまかった。漫画や本を読むのも好きだった。小学校の3年生あたりから中学に入るくらいまで、ほとんど毎日のように漫画を描いていたと思う。

そのつたない経験で、ひとつ気づいたことがある。それは「漫画ってのは、とんでもなく面倒くさい」という事実だ。

当初、ぼくが描こうとしていたのは『機動戦士ガンダム』のような、SFロボット大戦モノの漫画だった。ラフスケッチよろしく、主人公や主要な登場人物の顔を描いていく。それから主人公が乗り込むロボットのデザインを考える。非常に楽しい作業だ。

しかし、いざ本編を描きはじめようとして重大な事実に気がつく。

漫画を漫画として成立させるためには、「それ以外」の部分を相当描き込まなければならないのだ。登場人物はどんな服を着て、どんな家に住んで、どんな椅子に座って、どんなご飯を食べているのか。テーブルの上にはどんなモノが置かれて、壁にはどんな時計がかかっているのか。食事のワンシーンを描くだけでも、これらを全部、自分の手で描かないといけないのである。

正直な話、ぼくは主人公の服を描くのさえ面倒だった。

顔を描くのは楽しいけど、小学生ということもあり、洋服なんかに興味はない。背景の街並みを描くのも面倒くさい。好きでデザインしたはずのロボットでさえ、コマごとに違った角度から描くのは苦行のような作業だった。

散々悩んだ挙げ句、ぼくはSFロボット大戦路線に見切りをつけ、新たにプロレス漫画を描くようになった。

プロレス漫画の長所は、衣装と背景の少なさである。

登場人物は基本的にパンツ一枚。誰も洋服を着ていない。背景だって、せいぜいリングとロープと効果線くらいを描いておけば格好がつく。ストーリーは毎回同じである。あるとき東京で世界最強のプロレスラーを決めるトーナメント戦が開催され、アントニオ猪木《いのき》が圧倒的な強さで優勝を飾る。それだけである。

アントニオ猪木対ジャイアント馬場、藤波辰巳《ふじなみたつみ》対ジャンボ鶴田、ハリー・レイス対アンドレ・ザ・ジャイアント、ブルーザー・ブロディ対ハルク・ホーガン、リック・フレアー対ボブ・バックランド、タイガーマスク対ミル・マスカラス……。

団体の垣根《かきね》を越えた夢のカードを、自分の漫画のなかで実現させるのだ。こんなに楽しい時間はなかった。

しかしながら、これだと漫画を描いているというより、子どもがウルトラマン人形をぶつけあって遊んでいるのと同じだ。結局、ぼくは「猪木対ハリー・レイス、流血戦の末、卍固《まんじがた》めで猪木の勝ち」というプロットを頭のなかで妄想するだけで満足するようになり、絵を描くことすら億劫《おっくう》になってしまった。

笑い話にしか聞こえないだろうが（実際笑い話なのだが）、このときの経験は現在の自分を形づくる大きなベースとなっている。

文章は〝面倒くさい細部〟を描いてこそ、リアリティを獲得する。**そして〝面倒くさい細部〟の描写によって得られたリアリティは、読者の理解を促し、文章の説得力を強化するのだ。**たとえば、次の3つを比べてみよう。

①コーヒーを飲むと、眠気が覚める
②コーヒーを飲むと、カフェインの効果によって眠気が覚める
③コーヒーを飲むと、カフェインが脳内のアデノシン受容体に働きかけるため、眠気が覚める

コーヒーを飲めば眠気が覚めることくらい、誰だって知っている。その意味でいうと、別に①や②の文章でも間に合うだろう。

しかし、ここであえて「カフェインが脳内のアデノシン受容体に働きかけるため」という〝面倒くさい細部〟を追加することによって、話のリアリティや説得力が増すのだ。

あるいは、帰省ラッシュの渋滞について文章で伝えるとしよう。

このとき渋滞の様子を「延々と続く大渋滞だった」と説明したところで、なにも伝わらない。5キロだろうと100キロだろうと、当事者からすればどちらも「延々と続く大渋滞」である。

そこで今度は「50キロにわたる大渋滞だった」と具体的な数字を入れてみる。たしかに数字が入ると、読者も多少はその長さをイメージすることができる。ただし、これはどこか他人事めいた、渋滞する様子を上空のヘリコプターから見下ろしたような描写だ。リアリティという意味ではもう一歩足りない。

じゃあ、目線を運転席まで降ろして「ほとんど動けないままサザンのベスト盤を聴き終えてしまった」と書いたら、どうだろうか？

まったく動こうとしない車列、時間だけがむなしく過ぎていく運転席の情景が、なんとなく伝わってくるのではないだろうか？

間違ってはいけないが、これはレトリックではない。運転席で起きている〝事実〟を忠実に描写しただけの文章である。

一般に〝事実〟の描写というと、数字や科学的データの挿入だけで終わってしまいがちだ。しかし、**本当のリアリティは、日常の何気ないところに転がっている〝面倒くさい細部〟を描写することによって生まれるのである。**

構成の〝絵コンテ〟をつくる

この習慣がいつ始まったのか覚えていない。ただ、いま本書の原稿を書いているまさにこの瞬間も、ぼくの仕事机の上には大小2つのメモ帳が置かれている。

文庫サイズのメモ帳（ロディアNo.13）の用途は、いわゆるメモだ。ふと思いついたフレーズ、あるいは原稿に入れるにはまだこなれていないフレーズなどを書き出して、記録と確認のために使っている。

そしてA4用紙の半分、つまりA5サイズのメモ帳（ロディアNo.16）は、構成専用のメモ帳だ。

これは断言してもかまわないが、**文章の構成を考えるとき、ただ頭のなかで素材をこね**

くり回しても絶対にうまくまとまらない。たとえ起承転結やマトリョーシカ構造に熟知していたとしても、だ。

なぜなら、構成とは〝眼〟で考えるものだからである。

よく混同されることだが、構成を考えることと文章を考えることは、まったくの別の作業だ。映画に置き換えていうなら、文章は脚本や俳優の演技であり、構成はカメラ割りと編集である。無論、両者がうまく融合《ゆうごう》してこそ一本の〝映画〟になるのだが、そもそもの役割が違う。文章と同じように構成を考えていたら、必ずつまずいてしまう。

映画でカメラ割りを考えるとき、「絵コンテ」というものが使われる。

このシーンでは、俳優とセットはどんな位置関係にあり、カメラはそれをどんなアングルから撮影するのか。そしてシーンとシーンはどのようにつながっていくのか。それらを簡単な絵と文字に起こして可視化することで、事前に監督やスタッフ・俳優陣の間でイメージを確認・共有するのが絵コンテの役割だ。

ぼくは文章の構成にも絵コンテの発想が必要だと思っている。

文章の場合、扱う対象が「言葉」なので絵コンテという言葉がピンとこないかもしれないが、配置や組み合わせを考えるには対象を可視化してしまうのがいちばんなのだ。

そしてなにより、われわれは自分の頭のなかを覗《のぞ》くことはできない。**頭のなかをうごめいている「ぐるぐる」は、可視化することによってようやく客観視できるのである。**

では、具体的な〝絵コンテ〟はどのようにつくっていけばいいのか。

おそらくこれは、人それぞれに自分なりのメソッドを見つけていくのがいいだろう。マインドマップ的なツリー構造で考える人もいれば、キーワードを書いた付箋《ふせん》を組み合わせる人もいる。もちろん箇条書きがやりやすいという人もいるだろう。

その上でぼくは、文章を図にして考えることをおすすめしたい。

書籍の世界には「図解本」というジャンルがある。難しい話を、図解することで視覚的・感覚的に理解しようとする本だ。

ぼく自身、これまで10冊以上の図解本づくりに携わってきた。やってみると、たしかに論点が整理されてわかりやすくなる。

図解するメリットは、「流れ」と「つながり」が明確になることだ。

対象となるキーワードを書き出し、マルや四角で囲んで、矢印でつなげていく。

基本はこれだけなのだが、特に矢印で右から左へ、あるいは上から下へと論の流れを視覚化していくことで、自分自身の思考も整理されていく。大切なのは図のシンプルさで、あまり凝《こ》りまくった図にしてしまうと、余計にわかりづらくなる。

たとえば、「映画」→「絵コンテ」→「なぜか?」→「頭のなかを可視化してイメージを共有」→「文章でもやるべき」→「なぜか?」→「構成を眼で考える」→「しかも、頭の〝ぐるぐる〟を可視化できる」というように、キーワードを矢印でつないでいく。**ポイントは、随所に「なぜか?」を入れていくことだ。**

こうすると、読者が疑問に思う部分も理解しやすくなるし、自分でもうまく整理できていなかった解が見えてくるはずである。

また、論理展開におかしなところがある場合は、矢印がうまくつながってくれない。**つまり矢印は「眼で見る接続詞」なのである。**論理展開の正しさをチェックする際にも、大いに役立つはずだ。

文字量を〝眼〟で数《かぞ》える

最後に、ややライター向けの話をしてこの講を終えよう。

構成を考えるとき、意外と忘れられがちなのが文字量の問題だ。

たとえば「太陽光エネルギーの将来」というテーマで、序論・本論・結論の3部構成の文章を書くとする。

このとき、序論・本論・結論の文字量は、それぞれどれくらいにするべきなのか。

単純に3で割るわけにもいかないだろう。序論が長すぎれば読者はじりじりするだろうし、冗長すぎる結論も締まりが悪い。論の展開にもよるが、**「序論2：本論6：結論2」あたりの割合が無難なところだと思われる。**

さて、本当の問題はここからだ。

個人ブログのように字数制限のない文章であれば、自分にとって収まりのよいところで「序論2：本論6：結論2」を振り分ければいい。

しかし、それ以外の大半の文章はある程度の字数制限があったり、あらかじめ文字量が指定されていたりする。

つまり、仮に「原稿用紙4枚、1600字で」という指定があった場合、その字数のなかで「序論2：本論6：結論2」を振り分けないといけない。ちなみに1600字で振り分けると「序論320字：本論960字：結論320字」という計算になる。

しかも、この文字数から「320字だったらこれくらいの文量だ。序論にはAからEまでの話を入れるつもりだったけど、DとEの話は省くことにしよう」というように、文章の要素についても取捨選択しないといけないのである。

もちろんこれは2000字の場合、4000字の場合と、数字は変化してくる。こうして書いているだけでも頭が痛くなりそうだ。

そこで、**文字量については頭で数えるのではなく〝眼〟で数える習慣をつくろう**。以下がその条件である。

①ワープロソフトの文字数と行数を固定して、1ページあたりの文字量を覚える
②行数（行番号）を表示させるか、グリッド線（罫線《けいせん》）を表示させる
③何行で400字になるかを頭に入れておく

まず①だが、ぼくの場合はいつも「40文字×30行＝ページ1200字」と文字組を固定して原稿を書いている。

これによって、たとえば1000文字で書いてほしいという依頼がきた場合にも「ああ、1ページの8割くらいだな」と視覚的な見当がつくようになる。

また、いつも同じ文字組で書いているので、1ページ（1200字）書くのにどれくらいの時間と労力を必要とするか、なんとなく予想できる。これが新しい原稿を書くたびに文字組を変更しているようだったら、なかなか感覚的な理解ができないだろう。

続いて②だが、ワープロソフトで原稿を書いている最中、いま自分が何行目にいるのかは意外とわかりにくいものだ。そこで行番号を表示するよう設定するか、行番号が邪魔だったり行番号表示機能のないワープロソフトの場合はグリッド線を表示して、自分の現在地を理解できるようにする。

そして③は、400字という単位を視覚的・感覚的に「固まり」として理解しておくことで、原稿のペース配分をわかりやすくするものだ。パソコン全盛の現在でも、原稿の依頼は「原稿用紙○枚分」という単位になることが多いので、やはり400字という単位は身体《からだ》に染みつかせておいたほうがいいだろう。

では、具体的に「原稿用紙4枚、1600字で」という依頼があったらどうするか。ぼくの「40文字×30行＝ページ1200字」という文字組でいけば、1600字は1ページ強、2ページの10行目あたりが目安となる。

その上で、2ページの10行目がどのあたりになるかを目で確認する。そして大切なのは、ワープロソフトの画面にぼんやりと「序論2：本論6：結論2」の見えないラインを引くことだ。序論なら序論がどれくらいの文量になるのか、**数字ではなく物理的スペースで「見る」のである。**

すると感覚的に「AとBとCを入れて、DとEは省くことにしよう」と判断できるし、どうしてもDやEの要素まで入れたい場合は、無駄な飾りをいっさい廃《はい》した文章にしていくことになる。

もっとも、これは「40文字×30行＝ページ1200字」といった自分のペースが固まらないことには、なかなか難しい話かもしれない。しかし、たとえば定期的に更新する個人ブログでも、**日によって大きく文字量を変えるよりは、毎回同程度の量で書いていったほうが構成力は身につきやすいはずだ。**具体的に「これから半年は1000文字以上1200

文字以内で書く」と決めてしまうのもいいトレーニングになるだろう。

論の展開だけでなく、文字量まで自在に「構成」できるようになれば、文章のリズムはもっと向上するに違いない。

No.

Date

第2講のまとめ

文章の面白さは「構成」で決まる

・文章のカメラワークを考える。

①導入（＝序論）……客観のカメラ

→客観的な状況説明。

②本編（＝本論）……主観のカメラ

→序論に対する自分の意見・仮説。

③結末（＝結論）……客観のカメラ

→客観的視点からのまとめ。

導入は映画の「予告編」

・導入がつまらないと、読者は文章を読んでくれない。

・予告編の基本3パターン。

①インパクト優先型　②寸止め型　③Q&A型

「論理的な文章」の3層構造

①主張……その文章を通じて訴えたい主張

②理由……主張を訴える理由

③事実……理由を補強する客観的事実

・文章のなかに"主張""理由""事実"の3つがあるか、そしてその3つはしっかりと連動しているかを、いつも意識する。

構成は「眼」で考える

・頭のなかの「ぐるぐる」を図解・可視化して、「流れ」と「つながり」を明確にする。

・文字量を「眼で数える」習慣をつくる。

第3講

読者の「椅子」に座る

★読者は10年前の自分

★〝説得〟より〝納得〟

★目からウロコは3割!

あなたにも〝読者〟がいる

みなさんも経験のあることだと思うので、ちょっと思い浮かべてほしい。

フリーランスとして仕事をしていることもあり、ぼくは打ち合わせや資料の整理に喫茶店を使うことが多い。

そのとき、気になることがある。

料理やコーヒーはおいしいし、清潔で、店の雰囲気も悪くない。センスのいいオーナーが、それなりに苦労してオープンした念願のカフェなのだろう。

ところが——ちょうど3軒に1軒くらいの割合だろうか——椅子やテーブルが、ぐらついている店があるのだ。

床が凸凹《でこぼこ》になっているのか、椅子やテーブルの脚に問題があるのか、詳しい理由はわからない。ともかく、座っているだけで椅子がガタガタ揺れ、ものを書こうと体重をかけたら今度はテーブルが傾いてしまう。

オーナーも、新メニューの考案にあたっては何度となく試食を重ねるはずである。新しいコーヒー豆を仕入れたら、まずは自分の舌で味を確かめるはずである。

しかしそのとき、ちゃんと**「お客さんの椅子」に座って試食しているのだろうか？**

そもそもオーナーは、店内すべての椅子に座ったことがあるのだろうか？ もし、ひとつも漏らさず座っていたら、椅子やテーブルのレイアウトも変わるのかもしれない。少なくとも、ガタガタ揺れて落ち着かない椅子やテーブルには、なんらかの補修がなされるはずだ。

自らが「お客さんの椅子」に座らないことには、お客さんがどんな気分でその料理を食べ、どんな時間を過ごすのか、本当の意味で理解することはできない。「料理も雰囲気も悪くないのに流行《はや》らない店」とは、そんなところに原因があるのではないだろうか。

そしてぼくは、文章についても同じ懸念《けねん》を抱く。

われわれは「お客さん」を、すなわち「読者」をイメージしながら文章を書いているだろうか？

読者をイメージするだけでなく「読者の椅子」に座っているだろうか？

あなたは頭のどこかで「読者なんて小説家やエッセイストみたいな『プロの人』が気にする話であって、自分には関係がない」と思っているかもしれない。もしそうだとしたら、本日この瞬間をもって考えを改めよう。

アマチュアだろうとプロだろうと、メールだろうと小説だろうと、あらゆる文章の先にはそれを読む〝読者〟がいるのだ。

たとえば、一生誰にも見せない日記にだって、読者は存在している。

他でもない、〝自分〟という読者だ。

将来読み返すことがあるのなら、その日記には〝未来の自分〟という読者がいることになるし、たとえ読み返すことがなかったとしても、その日記は自分と対話するため、つまり〝いまの自分〟に向けて書かれているはずだ。

文章が文章であるかぎり、そこには必ず読者が存在するのである。

ところが、文章を書くにあたって読者の存在を意識しない人は意外なほど多い。

これは料理にたとえるとわかりやすい。

料理とは、「つくったから食べる」のではない。「食べる人がいるからつくる」のだ。

もしも〝食べる人〟がいないのなら、火を通す必要もなければ塩を振る必要もない。それどころか、キッチンに立つ必要すらなくなってしまう。

相手の立場に立って考えろ、とはよく言われる話だ。

だけどぼくは、それでは足りないと思う。相手（読者）の立場に立つとは、まだまだマーケティングの域《いき》を超えない発想だ。

必要なのは、隣に立つことではなく、読者と同じ椅子に「座ること」である。

読者と同じ椅子に座り、肩を並べ、同じ景色を見ることである。そこでようやく自分も読者になれるのだし、本当の意味で読者を理解することができるのだ。

そこでこの第3講では〝読者〟をテーマに、「どう読まれるか？」「どう読ませるか？」について考えていきたい。

「10年前の自分」に語りかける

読者の椅子に座るとは、どういうことなのか。

たとえば、ぼくは猫を飼ったことがない。家のなかに猫がいる、という生活をしたことがない。だから、仮に「猫好きの読者に向けて、猫と暮らす楽しさについて共感を誘うような記事を書いてください」と言われても、かなり困ると思う。

ここまで限定された話でなくても、本をつくる過程では「20代の営業マンを対象に」とか「会社を辞めるべきか悩んでいる20～30代を対象に」など、なんらかの読者対象を設定して企画を進めることが多い。

しかし、ぼくは20代の営業マンではないし、会社を辞めるべきか悩んでいるわけでもない。そもそも会社にすら勤めていない。置かれた環境や見ている景色がまったく違うのだ。そんな当たり前の事実を無視して「自分には読者の気持ちがわかる」と高《たか》をくくるのは、書き手として傲慢《ごうまん》すぎる考えだ。表面を取り繕《つくろ》った文章を書くことはできても、読者の心を動かすまでには至らない。

結局、**われわれが本当の意味でその「椅子」に座れる読者は、世の中に2人しかいないとぼくは思っている。**次の2人だ。

①10年前の自分
②特定の〝あの人〟

まずは①の「10年前の自分」から説明しよう。

ここでの10年前というのは便宜上の数字で、別に半年前でも20年前でもかまわない。ともかく「あのとき」の自分だ。

あなたはいま、ある情報を手に入れている。知識かもしれないし経験かもしれない。ともかく有益な情報だ。

そして有益な情報とは、往々にして「もしこれを10年前に知っていたら!!」と思わせるものである。10年前に知っていたら、自分の人生は変わったかもしれない。10年前に知っていたら、あんな苦しい思いをせずにすんだかもしれない。あんなに悩まずにすんだかもしれない。

もし、そんな思いがあるとしたら「10年前の自分」の椅子に座ればいい。「10年前の自分」に語りかけるようにして書けばいいのだ。彼や彼女がどんな景色を見て、どんな悩みを抱えているのか。どんな言葉を嫌い、どんな言葉に耳を傾け、どう伝えれば納得してくれるのか。すべてが手に取るようにわかるはずだ。

こうして書かれた文章は、言葉の強度が違う。

書き手である自分に切実な「伝えたい!!」という思いがあるため、たとえ技術的に多少の難《なん》があったとしても、必ず読み手に届く文章になる。

もっとも、「過去の自分に向けて書いた文章なんて、誰が読んでくれるんだ?」という声はあるだろう。そんな独りよがりな文章を書かず、もっと自分の外に目を向けて読者のニーズを分析すべきだ、と。

じゃあ逆にこう考えてみよう。どうして古典文学はいまなお世界中で読み継がれているのだろうか?

たとえばぼくは、ドストエフスキーの作品が好きだ。

最初にドストエフスキーを読んだときの衝撃は、いまでも忘れることができない。

ぼくがいちばん驚いたのは「いま、まさに自分が抱えている問題」が、そこにありありと描かれていたことだ。誰にも理解してもらえないと決め込んでいた「個人的な問題」や「ぼくだけの問題」が、なんと19世紀のロシアで描かれ、しかも現代に至るまで(膨大な数の共感と支持を集めながら)読み継がれていたのだ。

つまり、どういうことか。

人間は、どんな時代も同じこと(普遍的なこと)を考え、同じことに悩み、同じことで苦しんでいる。自分だけにしかわからない、誰にも理解されないと思われる根深い問題こそ、じつは普遍性を持った悩みなのだ。

大切なのはここからである。

なぜ、あなたは10年前の自分に向けて書くべきなのか？

いま、この瞬間にも日本のどこかに「10年前のあなた」がいるからだ。

10年前のあなたと同じ問題を抱え、同じ景色を見て、同じようにもがき苦しんでいる人は、必ずいる。勉強、受験、友達関係、恋愛、いじめ、家族関係、就職、仕事の悩み、なんでもいい。

その悩みが深く、普遍的なものであるほど、「10年前のあなた」と同じ問題を抱える人の数はみるみると増えていく。時代や年齢など、置かれた状況に多少の違いはあったとしても、それは変わらない。

実際、この講義の場合もぼくは「20歳の自分」の椅子に座って書いている。

右も左もわからない大学生だった彼は、文章やコミュニケーション全般についてどんな悩みを抱えていたのか。頑固でクソ生意気な彼の心を動かすには、どんな言葉が必要なのか。彼に不足しているものはなにか。今後彼はどんな困難に直面するのか。

自分だからこそよくわかるし、書くことができる。そして、たとえ置かれた状況が違っていたとしても、当時のぼくとまったく同じ悩みを抱えている人が「ここ」に大勢いることを、ぼくは確信している。

文章にかぎらず、宣伝や商品開発など、さまざまな企画段階で思い悩んでいる方には、ぜひ「あのときの自分」を思い起こしていただきたい。「あのときの自分」の椅子に座ることは、昔を懐《なつ》かしむことでも、独りよがりになることでもない。**いまを生きている「見知らぬ誰か」の椅子に座る、いちばん確実な方法なのである。**

たったひとりの〝あの人〟に向けて書く

続いて、②の「特定の〝あの人〟」である。

ここまでなんの断りもなく〝読者〟という言葉を使ってきたが、**じつは〝読者〟なる人物はどこにもいない。**

もちろん「その文章を読む人」は存在する。

しかし10人の読者がいれば10通りの読み方があるわけで、それを〝読者〟という言葉でひと括《くく》りに扱うのは非常に危険な考えだ。「読者の身になって」と言われても、老若男女さまざまな読者がいるはずだ。

そして対象読者を「20代の社会人」と絞り込んでも、事態は変わらない。

勤務先は大企業なのか中小企業なのか。勤務地は大都市圏なのか地方なのか。業種や職種はどうなのか。年収は、家族構成は、趣味は……。考えれば考えるほど、読者は細分化していく。かといって、一人ひとりの属性に合わせた何千・何万パターンもの原稿を書くわけにもいかないだろう。

その結果、**多くのライター（これは以前のぼくがそうだったのだが）や編集者が陥ってしまうのが「多数派の罠」である。**

対象読者が絞りきれないので、「多数派」に向けて書こうとする。多数派という言葉がわかりにくければ、「典型的な20代の社会人」を想定し、彼ら・彼女らに向けて書くのだと思ってもらってもいい。なるほど、一見正しいアプローチのようにも映る。

だが、雑誌に置き換えて考えてほしい。

じつは「多数派」を対象とするよりも「少数派」に狙いを定めたほうが、誌面づくりはスムーズに運ぶのである。

たとえばヨーロッパのスーパーカーだけを取り扱う専門誌があったとしよう。ポルシェやフェラーリ、ランボルギーニなどの車である。

すると、対象読者はかなり絞られてくる。

読者の大半は男性だろうし、１９７０年代のスーパーカーブームを体験した世代も多いだろう。メカニックに関心が高く、運転が好きで、購入を検討するとなれば、かなりの富裕層ということになる。少なくとも、車を単なる移動手段と思っていたり、ヨーロッパ車に関心のない読者は手に取らない。

こうやってちょっと想像するだけでも、読者の顔が見えてくる。特集企画もかなりエッジの効いた専門性の高いものになり、読者にストレートに伝わるはずだ。

一方、対象が「多数派」となると、こうはいかない。

同じく自動車雑誌で考えるなら、いまもっとも売れている車はハイブリッド車と軽自動車、それからコンパクトカーである。しかし、そうした車を購入している人たちに共通するライフスタイルを、あなたは思い浮かべることができるだろうか？

単身者や若いファミリー層もいれば、中高年層もいるだろうし、買い物用のセカンドカーとして軽自動車を購入する富裕層もいるはずだ。エコ意識の高さからハイブリッド車を買う人もいるし、燃費のよさからハイブリッド車を選ぶ人もいる。はっきりいって、世代も収入もライフスタイルも、バラバラなのである。

おそらく「多数派」向けの自動車雑誌は、エッジの効いた特集を組むこともできないまま、誰に向けたのだかよくわからない内容になってしまうだろう。

見えやすそうでいて、もっとも顔が見えにくいのが「多数派」なのである。

あるいは、毎月何万もの読者がアクセスするような、人気ブログを書きたい人がいるとしよう。おそらく、この場合も「多数派の罠」にハマってしまうはずだ。

アクセス数を最優先に考えるブロガーたちは、自分や自分のブログを、よりたくさんの人に受け入れてもらえるよう心掛ける。

特に、自分の不用意な発言からブログが「炎上」してしまったら大変だ。誰からも文句を言われないように、あんな人、こんな人、いろんな立場の読者を想定しながら、表現に自主規制をかけていく。

すると文章は、途端に保守的で刺激のない、八方美人的な姿になってしまう。

自らの〝主張〟をなるべく抑え、いい人ぶって、表現をぼかしながら、終始当たり障《さわ》りのない話をするのだ。

たしかに文句も出ないだろうし、「炎上」することもないだろう。

しかし、そんなブログが本当に面白いだろうか？

アルファブロガーと呼ばれる方々のブログを、しっかりと読み返してほしい。彼ら・彼女らは、批判も辞《じ》さない覚悟で自分の〝主張〟を述べているはずだ。中途半端に八方美人であろうとしている人なんて、ひとりもいない。強い〝主張〟があるからこそ、読者がついてくるのである。


そこで八方美人にならないために必要なのが、「たったひとりの〝あの人〟を思い浮かべて書く」という意識だ。

われわれは絶対に、何千人や何万人もの椅子に座ることはできない。だったらいっそ、特定の〝あの人〟の椅子に座るのだ。

たとえば、対象読者が20代の社会人だとしたら、そのなかに「特定のひとり」を探し出す。できるなら直接の知り合いを想定したほうが書きやすいが、それが無理な場合は自分のなかで架空のキャラクターを設定する。

「東京の／中堅医療機器メーカーに勤める／営業職の男性／27歳／年収400万円／地方の私大出身で／地下鉄通勤のひとり暮らし／彼女あり」といった具合だ。

ぼんやりと「典型的な20代の社会人」をイメージするよりも、これくらい極端に決め込んでしまったほうがずっといい。なぜなら、**言葉のベクトルがはっきりするため、「その他の人々」にも届きやすくなるからだ。**

本当に特定の〝あの人〟に向けた文章が、他者にも届くのか？

これは、ラブソングを思い出してもらうといいだろう。

情景描写や年齢設定があいまいなラブソングは、意外と感情移入しづらいものである。ぼんやりした情景のなかで、ぼんやりした相手への愛を歌われても、これといって響くところはない。

ところが、情景描写や年齢設定、心象描写の細かいラブソングは、感情移入することができる。たとえ自分にそんな経験がなかったとしても、だ。スキー未経験者でも「ゲレンデの恋」を扱った歌に感情移入できてしまうのが、ラブソングなのだ。

多数派をターゲットとすることをやめ、読者を絞り込むこと、特定の〝あの人〟にまで絞り込むことに躊躇《ちゅうちょ》する必要はない。

むしろ〝みんな〟から喜ばれようとするほど、誰からも喜ばれない文章になるのだ。

「わかるヤツにわかればいい」のウソ

読者の椅子に座るとき、われわれは「たったひとりの誰か」の隣に座らざるを得ない。

これは動かしがたい事実である。

しかし、本当に「それだけ」でいいのだろうか？

ぼくが文章を書くとき、いつも胸にとめている一節がある。

この講義では、できるだけ他書からの引用を避けようと思っていたのだが、これだけは避けるわけにはいかない。ライターとしての座右《ざゆう》の銘《めい》でもあり、ぜひこの場を借りて紹介しておきたい言葉だ。次のようなものである。

もともとひとつの本は、内容で読むひとを限ってしまうところがある。これはどんなにいいまわしを易しくしてもつきまとってくる。また一方で、著者の理解がふかければふかいほど、わかりやすい表現でどんな高度な内容も語れるはずである。これには限度があるとはおもえない。（改訂新版『共同幻想論』吉本隆明《たかあき》／角川書店）

思想家・吉本隆明さんが主著である『共同幻想論』を文庫版として改訂するにあたって

書いた、序文の一節だ。この序文のなかで吉本さんは「こんど文庫版になったこの本を、いままで眼にふれたり、名前を聞いたり、読んだりしたことが、まったくない人が手にとるかもしれないと想像してみた」という。そして「わたしにできる精いっぱいのことは、できるかぎり言葉のいいまわしを易しく訂正することだった」と続けている。

ここからぼくは、次のように考える。

伝わる文章を書こうとしたとき、われわれは「たったひとりの誰か」の椅子に座る。具体的な「あの人」に向けて書くからこそ、その言葉は説得力を持つ。

たとえば、ぼくが30代のプロ野球ファンのみに向けて文章を書く場合は、近鉄のブライアントや西武のデストラーデ、巨人のガリクソンなど、その世代に強く響く固有名詞も入れていくことになるだろう。

少数派の読者に向けて、そのサークルでしか通じない言葉をふんだんに盛り込んで書けば、たしかに面白い文章になる。阪神のキーオ、大洋のパチョレック、ダイエーのラガなど、マニアックな言葉を入れていくほど面白くなっていく。これらの固有名詞が一種の専門用語・業界用語として機能し、同窓会のような仲間意識を高めてくれるからだ。

しかし、こうして専門性に溺《おぼ》れていくと、文章はどんどん雑になる。

前回の講義で触れた、カメラの話を思い出してほしい。

通常の文章では、まず客観のカメラによって対象を遠景でとらえ、そこから徐々に主観のカメラへと切り替えていく。そうしないと、読者が「いま自分はどこにいるのか」がわからないからだ。

ところが、専門性に溺れた文章は、往々にして〝遠景〟を描かず、いきなり対象にクローズアップする。「ここは書かなくてもわかってくれるだろう」「いきなりこの言葉を出しても大丈夫だろう」「これは説明するまでもないだろう」と読者の予備知識に甘え、説明すべきところを説明しようとしない。むしろ「それを書くのは野暮《やぼ》なこと」とまで考えてしまうところがある。

専門書やマニア向けの雑誌などが（一般読者にとって）読みづらいのは、このためだ。出てくる言葉が難しいのではない。**読者に甘え、本来やるべき説明を怠《おこた》っているから、読みづらいのである。**

だからぼくは、どんな種類の原稿であれ、平易であることを目指す。間違っても「わかるヤツにわかればいい」とは思わない。

専門性に逃げるのは、書き手の怠慢《たいまん》であり、甘えにすぎないのだ。

吉本隆明さんの言《げん》を借りるなら「著者の理解がふかければふかいほど、わかりやすい表現でどんな高度な内容も語れるはず」なのである。ここへの努力を怠ったら、書き手としての成長はその場で止まってしまうだろう。

じゃあ具体的に、どうすれば専門性に溺れずにすむのか？

第三の読者を想定することだ。

椅子に座る「たったひとりの誰か」ではなく、自分でもなく、もうひとりの読者を想定する。その分野の非専門家、自分の書くテーマとまったく無縁な人が読む姿をイメージする。世代も違えば見ている景色も違う、本当の意味での「他者」をイメージするのだ。

若い書き手にとって、格好のサンプルとなるのは、自分の親だろう。

とくに若いうちは交際範囲がかぎられることもあって、「他者」を見つけるのが難しい。自分の周りにいるのは、同世代で、置かれた環境が似ていて、共通の趣味や価値観を持つ仲間になりがちだ。

そこで、世代や価値観が異なる自分の親を「他者」の代表として想定するのは、なかなか悪くない選択である。**早い話が「こんな文章で、うちのオカンは理解してくれるかな？」と考えるわけだ。**

これは、どちらかというと推敲《すいこう》に近い作業である。両親の椅子に座って書く必要はないし、きっと100パーセント理解してもらうのは不可能だ。

しかし、少しでも理解のパーセンテージを上げていくよう、ブラッシュアップする努力を怠ってはいけない。それが「話し言葉から書き言葉へ」につながっていく。

難解な文章が〝賢い人の文章〟だというのは、大きな間違いだ。

難解な文章とは、読者の読解力に甘えた、内輪《うちわ》向けの文章にすぎない。

あらゆる人に開かれた〝平易な文章〟ほど難しいものはないのである。

「生理的に嫌いな文章」に注目する

文章の上達法として、昔から言われる言葉がある。

「手当たり次第に本を読め！」だ。

ここでの手当たり次第とは、単に読書量を増やせということではなかろう。手当たり次第に読むとは「好き嫌いにとらわれず、あらゆるジャンルのあらゆる本を片っ端から読め。それが文章を上達させるいちばんの近道だ」という意味である。

これは〝読者としての自分〟を見つめなおすきっかけにもなるので、ぜひこの機会に考えておきたいテーマだ。

われわれは手当たり次第に本を読むべきなのか？

とりあえずの答えは「イエス」である。

ただし、ひとつ条件がある。**それは「思いっきり好き嫌いにとらわれること」だ。**

本を手に取るにあたっては、好き嫌いにとらわれるべきではない。未読のジャンル、未読の作家を、それこそ手当たり次第に読むほうがいい。

しかし、本を読み進めるなかでは、ひとりの読者としての〝好き〟と〝嫌い〟をはっきりさせたほうがいい。

つまり「この文章は好きだな」とか「こういう言い回しはどうも嫌いだな」という自分の感情を大切にするのだ。いい文章・悪い文章と考えるのではなく、徹頭徹尾《てっとうてつび》、主観的に好きか嫌いかで考えるのである。

なぜなら、**好き嫌いをはっきりさせることで、〝書き手としての自分〟が見えてくるからだ。自分がどんな文章を書きたいと思っているのか、その傾向が明らかになるからだ。**

いい文章・悪い文章という枠組みにとらわれていると、どうしても〝お勉強〟の意識が強くなる。たとえ個人的に好きじゃない文章についても、「これは文豪のいい文章だから、参考にしなければならない」と考えるようになる。

美術などは、わかりやすい例だろう。「教科書で見たことがある」とか「名前を知っている」というだけで、それを〝いい作品だ〟と考える人は多い。自分の好き嫌いよりも、世間的な評価を優先しているわけである。

同じ気持ちで文章に接した場合、どうなるだろうか。

いつの間にか「自分はどうありたいか?」という内的な欲求よりも、「自分はどうあるべきか?」という外的な要請《ようせい》に従うことになってしまうのだ。これでは書いていて面白くないし、〝お勉強〟も長続きしないだろう。

一方、好きな文章・嫌いな文章という考え方に立てば、自分がどんな文章を求めているのか、書き手としてどうありたいのかが明確になってくる。

特に注目したいのが〝嫌い〟の感情である。

誰だって、なんとなく嫌悪感を抱いてしまう文章はあるだろう。書いてある内容ではなく、その「書き方」が嫌だ、という文章だ。

どうしてその文章が嫌なのだろうか？

自分はどこに嫌悪感を抱いているのだろうか？

「上から目線で偉そうに書いてある」

「読者に媚《こ》びるように、へりくだって書いてある」

「肝心のところで自分の意見をぼかし、逃げている」

「一方的な決めつけが多くて納得できない」

「表現がまわりくどい」

いろんな理由が浮かんでくるだろう。そこで、もう一歩踏み込んで「なぜ自分は上から目線が許せないのか？」「どうして媚びた態度に虫酸《むしず》が走るのか？」「まわりくどい表現のどこが嫌なのか？」と考えてみよう。


たとえばぼくの場合、読者に媚びを売るようにへりくだって書かれた文章が好きになれない。うまく書けないが、雰囲気としては次のような文章だ。

「これは私の勝手な想像でありますし、もし間違っていたら申し訳ないのですが、最近の若い方々はどこか政治への関心を失いつつあるのではないかと思われるのです」

なるほど丁寧である。しかし正直な話、読んでいて虫酸が走る。素直に「最近の若者は政治への関心を失っているのではないか？」と書けばいいじゃないか、と無性に腹が立ってくる。

なにがそんなに嫌なのか？

自分なりに考えてみると、読者に媚びた文章とは、読者をバカにした文章に思えてしまうのだ。「ここまでへりくだっておけば文句は出ないでしょ」と高をくくっているように感じられるし、足元を見られているような気がしてしまう。

つまりぼくは「読者に媚びる書き手」が嫌だったのではなく、「読者をバカにした書き手」が嫌だったのであり、「書き手からバカにされること」が嫌だったのである。

だとすれば、書き手としての自分がどうありたいのかもわかってくるだろう。

読者をバカにすることなく、読者と正面から向き合いたい。

そして文章表現の面では、必要以上にへりくだった態度をとりたくない。たとえ反発を食らうことがあったとしても、自分に正直でありたいし、読者に誠実でありたい。きっとそう考えているのだ。

このように、**自分の〝嫌い〟を深く掘り下げていくと、最終的に書き手としての自分はどうありたいのか、という潜在的な欲求が明らかになってくる。**

一方、自分の〝好き〟を分析することは意外と難しい。

たとえば、恋人と別れるときには「嫌いな理由」や「別れるべき理由」をいくつもピックアップすることができる。しかし、恋に落ちた瞬間に「好きな理由」や「あの人と付き合うべき理由」を明確に言語化することは、かなり難しいはずだ。

そしてまた、男性ならば、付き合っている女の子から「わたしのどこが好き？」と訊《き》かれて返答に窮《きゅう》した経験が一度ならずとあるだろう。〝好き〟を言葉にして考えることは、そう簡単にできるものではないのだ。

好きな文章から表現の技術を学んでいくことも大切である。しかし、まずは〝嫌い〟に注目する意識を忘れないでいただきたい。

少し長くなったので、まとめておこう。

本を読むにあたっては、手当たり次第に読んでみること。

しかし、そこで下手に〝お勉強〟しようとせず、自分の好き嫌いをはっきりさせながら読むこと。

言い換えるなら、思いっきりわがままで、感情的な読者になること。

そして自分が〝嫌い〟と感じた理由を、徹底的に掘り下げてみよう。生理的な〝嫌い〟の理由を、言葉にして考えてみよう。

そうすることで、書き手としての自分がどうありたいのか、これからどんなところに注意すべきなのか、自分の個性とはなんなのか、さまざまなことが明らかになるはずだ。

〝嫌い〟のなかには、往々にして〝好き〟以上に根深い理由があるのだ。

読者は「どんな姿勢で」読んでいるか

続いて、読者が文章を読むシチュエーションを考えてみよう。

文章は、その内容や媒体《ばいたい》によって読まれるシチュエーションが違っている。

たとえば本や雑誌は、ソファに座って読んだり、通勤途中の電車などで読まれることが多い。ブログであれば、パソコンやスマートフォンで読まれるだろう。

シチュエーションとしては、パソコンだったら机に向かっているだろうし、スマートフォンだったら街中《まちなか》で読まれているのかもしれない。また、企画書やプレゼン資料の場合は、会社の机や会議室などで読まれるはずだ。お風呂のなかで本を読む人もいるし、喫茶店で書類に目を通している人もよく見かける。

読者としての自分を振り返ってみても、新聞・雑誌・メールなどの場合、なにか別のことをしながらの「ながら読み」がほとんどではないだろうか？　コーヒーを飲みながら、音楽を聴きながら、猫の頭を撫《な》でながら、などである。

よほど楽しみにしていた小説や手紙などでないかぎり、われわれはなかなか前のめりにはならない。一心不乱に熟読するわけではなく、尻のひとつでも掻《か》きながら、鼻のひとつでもほじりながら読んでいるのだ。

われわれプロのライターを含め、多くの書き手は、この点を理解していないように思われる。

たとえば、作家が1年がかりで書いた本を、読者は通勤電車の2時間で読んでしまう。かなりの言葉を読み飛ばしながら、面白いところだけを拾いながら、さっさと読み終えてしまう。**「集中して書いたもの」がそのまま「集中して読んでもらえる」と思っているな**

ら、それは大きな間違いだ。一言一句を漏らすことなく齧《かじ》りつくように読んでくれる読者なんて、かなりの少数派なのである。

そうなると、書き手と読者の間に認識のギャップが生まれるのも当然だろう。

特に多いのが〝読み落とし〟だ。

メールに用件を書いたはずなのに、企画書のなかで類似するプロジェクトの例について触れたはずなのに、伝わっていない。メールや企画書そのものは読まれている。相手はちゃんと目を通している。にもかかわらず、大事な部分が「読み落とされて」いるのだ。

書き手としては「ちゃんと書いてあるじゃないか!」と怒りたくもなるだろう。読者の読解力を責《せ》めたくもなるだろう。

しかしぼくは、いかなる読み落としや誤読も、最終的には書き手の責任だと思っている。情報とは、そこに書いてあればOKというわけではない。伝わるように書いてこそ、文章としての機能を果たすのだ。

じゃあ具体的に考えていこう。

どうすれば読者の読み落としや誤読を避けられるのだろうか?

真剣に読んでもらうにはどうすればいいのだろうか？

ぼくの答えはひとつ、**「読者の〝姿勢〟を変えること」**だ。のけぞった態度をやめ、鼻をほじるのをやめ、もっと身を乗り出して、一心不乱に熟読してもらう。気分的に「あちら側」にいる読者を、「こちら側」に引き込むのである。

〝説得〟せずに〝納得〟させる

先にぼくは、文章を書く目的について「読者を動かすこと」だと書いた。そして文章を書くことは、他者を動かさんとする〝力の行使〟なのだ、と。

ここには少し説明が必要だろう。

たとえば、日記のように日々の出来事を書き綴《つづ》ったブログは、他者を動かすための文章ではないように思われる。誰かに「こうしなさい」と命令するような内容ではないし、多くの場合が自分の気持ちを吐露《とろ》しているだけである。

しかし、それを他者の目に触れる場に公表しているということは、心のどこかに「自分のことをわかってほしい」との思いがあるはずだ。**「自分のことをわかってほしい」と願うこと、それは他者の心の変容《へんよう》を求めていることに他ならない。**

もっと簡単な例でいうなら、ラブレターとは「自分の気持ちを伝えること」が目的ではない。最終的には、それを読んだ相手が「自分を好きになってくれること」、また「自分の告白を受け入れてくれること」を求めて、書かれるものだ。

このシンプルな事実がわかっていない人（率直に言うと思春期の男子全般だが）の書いたラブレターは、ひたすら気持ちの悪いポエムになってしまう。読者不在のままに自己完結した、自意識の露出狂《ろしゅつきょう》とでも言うべき内容になるのだ。

覚えておこう。美しいラブレターを書いて「感動させること」など、目的でもなんでもない。ラブレターの目的とは、とにかく「自分の告白を受け入れてくれること」であり、感動など手段にすぎない。感動なら感動を通じて、相手を説き伏せなければならない。文字通り、「口説く」わけだ。

つまり、文章の肝《きも》は〝説得〟なのである。

では、〝説得〟というキーワードを、読者の椅子に座って考えてみよう。

はたして読者は、書き手から〝説得〟されたいと思っているのだろうか？

そんなはずはないだろう。上から押さえつけるような〝説得〟に対しては、読者は必ず反発する。押したら押しただけ、反発してくる。これは先にも触れた「作用・反作用の法則」であり、どうやっても避けられないことだ。

だからこそ、反発されても倒れないだけの強固な骨組み（論理）が必要なのだが、ここにもうひとつの道がある。

読者を〝説得〟するのではなく〝納得〟させる、という手法だ。「読者を動かす」という意味では共通しているものの、そのアプローチはまったく違っている。

①説　得……押しのアプローチ（読者を押しきる）

②納　得……引きのアプローチ（読者に歩み寄ってもらう）

両者の違いを語るとき、いちばんわかりやすいのは歴史の教科書と歴史小説を比べてみることだろう。

歴史の教科書で、徳川家康《とくがわいえやす》についての記述が5ページ掲載されていたとする。その内容は「これを覚えろ」「これを知っておけ」「こっちも忘れるな」と、一方的に知識を押しつけてくるものだ。まさに〝説得〟のアプローチである。

一方、家康を主人公とした歴史小説は、ことさらなにかを覚えろとは言わない。読者自らが歩み寄って、事の流れや江戸幕府の政策、同時代を生きた周辺人物などが理解できるようにできている。「物語」という武器を使いながら、読者の〝納得〟を誘っているわけである。

歴史の教科書と歴史小説、どちらの満足度が高いかは言うまでもないだろう。歴史の教科書は読者をゲームに参加させないまま、ただ「知識の球拾い」を強《し》いているにすぎない。読者はゲームに参加できてこそ、身を乗り出してくれるのだ。

あるいは、こんな例もわかりやすいかもしれない。

携帯メールも使わないようなおじいさんに向けて「パソコンは情報化社会において必須の知識です」「インターネットによって世界中の情報にアクセスできます」「写真も映像も音楽もパソコン上で管理できます」「パソコンを覚えないと時代に取り残されてしまいます」と語りかけること。

これは典型的な「押しのアプローチ」であり〝説得〟である。

説得を受けたおじいさんは、ほぼ間違いなく反発する。自分にはそんなものいらない、難しそうだから嫌だ、時代に取り残されるなんて大きなお世話だ、と拒絶反応を示す。

一方、「引きのアプローチ」ではこう語りかける。

「パソコンを覚えると、お孫さんと毎日テレビ電話でお話しすることができますよ」

孫という最大の関心事を持ち出し、自らパソコンのほうへと歩み寄ってもらうのだ。おじいさんとパソコンという、本来なんの接点もない両者を、「孫」のひと言によって関連づけるのである。

もっとも、これはセールステクニック的な話だし、やや不誠実な態度に見えるかもしれない。しかし、この「関連づけ」のアプローチを読み解いていくと〝納得〟の正体がわかってくるはずだ。

人は「他人事」では動かない

読者が〝説得〟に応じようとしない理由は簡単である。**基本的にわれわれは、他人事には興味がないのだ。**

どんなに立派な教え（英会話をやりなさい、資格を取りなさい、もっと本を読みなさい、など）であろうと、それが読者にとって「他人事」であるうちは耳を貸そうとしないし、一方的な〝説得〟だとして反発する。

逆に言うと、われわれは「これは他人事じゃない！」と感じたとき、ようやく耳を傾けるようになり、自ら歩み寄っていく。身を乗り出すか否《いな》かの境界線は、「当事者意識の有無」にかかっているといっても過言ではない。

たとえば、ユニセフなどの慈善団体から「途上国の貧しい子どもを救うために愛の募金を」と呼びかけられても、なかなかピンとこないだろう。募金できる金額も、せいぜいが小銭レベルではないだろうか。

しかし、先天性の難病により臓器移植手術が必要な女の子が、テレビや新聞に実名で報道され、彼女の移植手術費用を捻出《ねんしゅつ》するための募金が呼びかけられていたら、どう感じるだろうか？

顔や生活が見える分、「助けてあげたい！」と思わないだろうか？

これもひとつの「当事者意識」だ。

遠いアフリカ大陸の出来事に「当事者意識」を持つのは難しい。冷たい言い方をするなら、どうしても他人事になってしまう。

たしかに「途上国の貧しい子どもを救うために愛の募金を」「アフリカの子どもたちを救

おう」という主張は、正しい。ぐうの音《ね》も出ないほど正しく、立派な主張である。そうすべきだと、誰もが同意するだろう。

しかし、**われわれは「正しい」だけでは動けないのだ。頭で「正しい意見だ」と理解できても、肝心の〝心〟が動かないのである。**

一般論を述べるばかりの文章が心に響かない理由は、ここにある。主張のどこかに「これは他人事じゃない！」と思わせる要素が含まれていないと、われわれの心は動かない。当事者意識を芽生《めば》えさせ、他人事を「自分事」に変換してくれる、なんらかの仕掛けが必要なのである。

「関連づけ」は、そのわかりやすい一歩だろう。

〝仮説&検証〟で読者をプレーヤーにする

それでは、もう少し具体的な「関連づけ」の方法について考えていこう。

自分の掲《かか》げる〝主張〟について、読者にも「これは他人事じゃない！」と感じてもらうには、どうすればいいのか？

問題意識を共有し、当事者のひとりとして一緒に考えてもらうには、どんなアプローチが考えられるのか？

まず必要なのは、読者を「議論のテーブル」につかせることである。独演会のようにあなたが一方的に語るのではなく、なにかしらのテーマ（議題）を設定し、読者を交えた形で活発な議論を交わす。そうなれば読者も、もはや他人事ではなくなるし、身を乗り出してくれるはずだ。

議論のテーブルをセッティングする方法は簡単である。

あなただけの〝仮説〟を提示することだ。

文中の早い段階で、独自の〝仮説〟を提示する。一般論とは相反《あいはん》するような〝仮説〟だ。**そして読者に「あなたはこの仮説をどう思うか？」と問いかけ、読者と一緒になって、その〝仮説〟が正しいかどうかの検証作業にあたるのである。**

小説などのフィクションであれば、物語のなかに読者を巻き込んでいくことができる。読者は登場人物に感情移入することもあるし、起伏に富《と》んだストーリーそのものに身を委《ゆだ》ねることもある。

一方、物語性に乏しいノンフィクションや実務系の文章では、なかなかそれができない。

どうしても独演会形式の、一方通行な内容になりがちだ。そして多くの場合、読者は不本意な「知識の球拾い」を強いられることになる。

しかし、ここに〝仮説〟が入ると、事態はガラッと変貌《へんぼう》する。

考えてもみてほしい。〝仮説と検証〟の作業には、どこかミステリー的な要素が含まれていないだろうか？

書き手の提示した〝仮説〟に考えを巡《めぐ》らせ、さまざまな角度から〝検証〟を重ね、なんらかの〝結論〟を導き出していく。

まさにミステリーの流れそのものだし、検証作業に加わった読者の役割は、もはや「球拾い」ではない。

紛《まぎ》れもないゲームの「プレーヤー」になるのだ。

読者を巻き込む「起〝転〟承結」

前回の講義で、起承転結の構成法についてこんな話をした。

「起承転結の〝転〟は、ストーリー仕立ての流れにおいてこそ、効果を発揮する」

復習しよう。起から承へと順調に流れてきた論理が、〝転〟の場面で突然ひっくり返されると、読者は混乱してしまう。小説などストーリー仕立ての文章では、その驚きや混乱が大きな吸引力となるものの、日常文ではトラブルの元になりやすい。そんな話だった。

しかし、**起承転結のトラブルメーカーである〝転〟は、ほんの少し配置転換してあげるだけで日常文でも大きな効果を発揮するのだ。**

それが「起〝転〟承結」という流れである。具体的にどんなものか、次の文を見てほしい。

①起……いま全世界的に温室効果ガスの削減問題が議論されている
②転……しかし、地球温暖化現象は本当に温室効果ガスによるものなのか？
③承……（その疑問を抱いた理由、客観的事実など）
④結……よって、温室効果ガス削減の議論はかなり根拠に乏しいものと考えられる

こうして文章の形にしてみると、意外とよく見かける論理展開だということが理解できるだろう。冒頭に一般論を述べ、そこに〝転〟としての疑問を投げかける。そうやって読者の興味を引きつけてから、検証作業に入り、結論へとつないでいくのだ。

起承転結の場合、話の後半に〝転〟が出てくるから混乱を招くのであって、冒頭近くに出てくる場合は混乱も出ない。**むしろ一般論が否定されることによって「どんな議論が展開されるんだ?」と興味を引くことができる。**

あるいはもっと大胆に、〝転〟の部分に独自の仮説を放り込んでもいいだろう。

①起……いま全世界的に温室効果ガスの削減問題が議論されている
②転……しかし、これは欧州先進国が企てた政治的謀略である(仮説)
③承……(仮説を立てた理由、客観的事実など)
④結……よって、日本は慎重かつ狡猾《こうかつ》な対応をとるべきだ

こちらも、ひとりの読者としてかなり興味をくすぐられる展開だ。

仮説や疑問に共通する心地よさは、世間で語られている「常識」が思いっきり否定される驚きやスリルにある。

もっと日常的な文章だと、次のように仮説を使うといいだろう。

①起……本は書斎やリビングで読まれることが多い
②転……しかし、私は半身浴で読むのがいちばんだと思う（仮説）
③承……（仮説を立てた理由、客観的事実など）
④結……だから将来の電子書籍端末には防水機能をつけてほしい

仮説という言葉は、なんとなく難しそうに聞こえるかもしれない。誰も聞いたこともないような、まったく新しい説を唱《とな》えないといけないように思われるかもしれない。

しかし、あらゆる〝主張〟は仮説なのである。極端なことを言ってしまえば「人を殺してはいけない」も仮説だし、「ものを盗んではいけない」も仮説だ。

問題は、仮説を自分ひとりで片づけてしまうのか、それとも読者に問いかけ、一緒に検証していくのか、という点にある。もちろん、望ましいのは後者だ。ここでその方法を考える前に、ひとつ「起〝転〟承結」のコツを紹介しておこう。

冒頭に「真逆《まぎゃく》の一般論」をもってくる

このあたりはやや話が込み入ってくるが、頭を整理しながらついてきてほしい。

「起〝転〟承結」の構成においてもっとも大切なのは、「〝転〟にどんな仮説や疑問を持ってくるか?」ではない。ポイントは〝転〟ではなく〝起〟だ。**「冒頭にどんな一般論を持ってくるか?」こそが、もっとも大切なのである。**次の展開を見てみよう。

①起……甘いものはダイエットの大敵だと言われている
②転……しかし、食べたくなったらケーキやドーナツを食べてもいい
③承……(食べてもいい理由、客観的事実など)
④結……我慢ばかりのダイエットでは長続きしないのだ

なるほど、面白そうな文章である。

冒頭の①から②に展開されると、なぜダイエット中にケーキを食べてもいいのか、本当にそれでダイエットができるのか、思わず耳を傾けたくなってしまう。

しかし、①の部分が「疲れたら甘いものがほしくなる」という別の一般論で始まってい

たら、その後の展開はどうなっただろうか?

①起……疲れたら甘いものがほしくなる
②承……だから、食べたくなったらケーキやドーナツを食べてもいい
③承……(食べる理由、客観的事実など)
④結……我慢ばかりのダイエットでは長続きしないのだ

まず、本来は〝転〟になるはずだった「食べたくなったらケーキやドーナツを食べてもいい」の一文が〝転〟として機能しなくなり、冒頭を受け継いだ〝承〟の文になってしまう。構成としての起伏に欠けた、いわば「起承承結」になるわけだ。

これでは、とても読者の興味を引くことはできないし、自分に都合のいい主張をしているだけに聞こえるだろう。同じ主張で、同じ結論であっても、冒頭が違うだけでここまで印象が変わってしまうのだ。

構造を理解しよう。冒頭の〝起〟が入れ替わるだけで、文章の姿はここまで変わってし

まう。**文章の「起〝転〟承結」を成立させるためには、冒頭に「自らの主張と真逆の一般論」を持ってくる必要がある。**なぜなら、そうしないとあなたの主張が〝転〟の役目を果たさないからだ。

もしもあなたが「インターネットは素晴らしい！」と主張したいのなら、冒頭には「インターネットは恐ろしいものだと言われている」という真逆の一般論を持ってこなければならない。

あなたが「プロ野球は最高に面白い！」と主張したいのなら、冒頭は「プロ野球人気の凋落《ちょうらく》が叫ばれて久しい」と、真逆の一般論で始めなければならない。

真逆の前提があってこそ、あなたの主張が〝転〟として機能する。大胆な仮説や疑問を投げかけたように思わせ、読者の興味を引きつけることができるのだ。

「文章は冒頭が難しい」とはよく言われる話だ。

たしかに「起〝転〟承結」の構成でもっとも難しく、もっとも神経を使うべきは〝起〟の部分なのである。

読者と一緒に「寄り道」をしよう

読者の椅子に座るときには、次の言葉を頭に入れておこう。

「すべての読者は〝素人〟である」

こんな物言《ものい》いは、反発を招くだろうか？

たしかに〝素人〟とは響きのよくない言葉だし、別の表現を探すべきかもしれない。

しかし、文章を書く人間は知っておかなければならない。**あらゆる文章において、読者とは〝素人〟なのである。**

どういうことか、身近な例をいくつか挙げよう。

たとえば、あなたが自分のブログに学生時代の思い出話を書いたとする。しかし読者は、あなたの学生時代のことなど、なにも知らない。言い換えるなら、読者は「あなたの学生時代」についての〝素人〟である。

あるいは、あなたが企画会議のために企画書を作成したとする。

ここでも、会議に参加するメンバーは「あなたの企画」について、事前にはなにも知らされていないはずだ。つまり、その企画に関する〝素人〟ということになる。

友達に送るメールであっても、話は同じだ。友達は「いまのあなたの気持ち」について、なにも知らない〝素人〟である。

読者がどんなに聡明《そうめい》な人物であろうと、あるいは大学の指導教官に提出するレポートであろうと、いっさい関係ない。**あなたの〝主張〟を正確な形で知っているのはあなただけであり、すべての読者は「それを知らない素人」なのである。**

だから、われわれは文章を書くとき、常に「自分は（そのテーマについて）なにも知らない〝素人〟に向けて書いている」ことを意識しなければならない。

読者を素人扱いするなんて、傲慢《ごうまん》な態度のように聞こえるかもしれないが、それは違う。むしろ読者と誠実に向かい合うために、読者のことを「なにも知らない素人」と想定するのだ。

では、実際に読者を「なにも知らない素人」と想定した場合、文章にはどんな変化が出てくるのだろうか？

前回の講義で紹介したように、文章の論理展開には〝主張〟〝理由〟〝事実〟の3要素が必要である。〝主張〟を支える〝理由〟があり、〝理由〟を補強する〝事実〟がある。このマトリョーシカ構造が守られているかぎり、文章の論理的正当性は保持される。

しかし、〝主張〟〝理由〟〝事実〟の3つのみによって構築された文章が面白味に欠けるのも、また事実だ。

いっさいの「寄り道」がなく、理路整然としすぎた文章、正しすぎる文章には、付け入る隙《すき》がない。

そして付けいる隙がないほど正しい文章は、読者からすると、論の正しさは認めながらもどこか強引に説得されたような、釈然《しゃくぜん》としない思いが残ってしまう。

なぜなら、**文章が自己完結してしまっていて、読者自身が議論のテーブルに参加できないからだ。「正しいだけ」の文章は、その正しさゆえに伝わらないのである。**

それでは逆に、どうして理路整然として正しすぎる文章には「寄り道」がなくなってしまうのかを考えてみよう。

書き手であるあなたからすると、すでに自分の〝主張〟と、そこから導き出される結論が見えている。数式のように美しい論理の流れが、一本の道として見えている。だから、少しでも早くゴールにたどり着きたい。早く結論を宣言したい。ゴールまでの一本道が見えていながらわざわざ寄り道するなんて、愚行《ぐこう》としか思えない。

これはまさに書き手の論理であり、「自分の椅子」に座った考えである。思い返してほしい。

その一本道を見つけるまでに、あなたはまったく迷わなかったのだろうか？むしろ、いろんな道を試し、何度も行き止まりにぶつかるなかで、ようやく〝納得〟できる「答え＝一本道」を見つけたのではないだろうか？

読者も同じなのだ。

いまのあなたにとっては「ムダな回り道」としか思えない試行錯誤の道も、〝素人〟である読者にとっては大切な確認・検証の作業であり、楽しいステップなのである。そして何度も言うように、読者は〝説得〟されたいのではない。自らの頭で〝納得〟したいのだ。

そうとわかれば、もう簡単だ。

自分が「なにも知らない素人」だったときを思い出し、そこからどうやって「一本道」を見つけていったのかを考える。どんな回り道をして、どんな行き止まりにぶつかったのかを詳細に思い出す。

そして読者とともに、文章のなかでもう一度「ムダな回り道」を歩くのだ。

あなたが迷ったすべての道を再現する必要はない。

こんな道もある、こっちが正解かもしれない、と主要な行き止まりをいくつか見て回り、しかるべきタイミングで「一本道」にたどり着けばいい。そうすれば予備知識のない読者でも、素直に〝納得〟してくれるはずである。

日常文の場合、この回り道は〝反論〟という形で再現するといいだろう。どういうことか、説明しよう。

自分の文章に自分でツッコミを入れる

どんなタイプの文章であれ、あなたの〝主張〟をそのまま鵜呑《うの》みにしてくれる読者など、ほとんどいない。当然ながら〝反論〟は出てくる。

議論のテーブルについた読者は、常に考えながら、疑いながら、あなたの〝主張〟に耳を傾けている。そして少しでもおかしなところがあれば、容赦《ようしゃ》なく反論してくる。

だが、反論を恐れる必要はない。

もし、あなたが反論の出ないような文章を書いているのだとしたら、逆に危険信号である。あなたは自分の〝主張〟を述べているのではなく、とるに足らない一般論を述べているだけだと思ったほうがいい。**しっかりとした〝主張〟には反論が出るのは当たり前だし、反論に答えることは、読者との有意義な〝対話〟なのである。**

とはいえ、実際に読者と「それは違う」「いや、こうなんだよ」「もっとわかりやすく説明してくれ」と直接対話しながら書くことはできない。

そこで、具体的に考えられるのは次のような書き方だ。

まず自分の〝主張〟とそれを支える〝理由〟や〝事実〟を述べる。その上で、自分の文章を客観的に読み返して、どんな反論が出てくるか考える。

論の展開に強引なところはないか？

誤解を招く表現はないか？

結論を急ぎすぎてはいないか？

自分はこの〝主張〟にたどり着くまで、どんな回り道をしたか？

その上で、考えられる反論を素直に書いていく。

たとえば、あなたが自分のブログで「営業先では自社パンフレットを使うな！」と〝主張〟しているとしよう。このとき文中に、

「一方、パンフレットは最強の営業ツールだ、という考え方もある」とか、「しかし、パンフレットなしで営業できないと異を唱える声もあるだろう」など、いわば自分でツッコミ（反論）を入れ、そのツッコミに対して再反論していくのだ。あるいはもっと簡単に、

「これに対して『えっ、パンフレットなしで営業できるの？』と驚く人もいるだろう」など、初歩的なツッコミを入れるだけでもいい。どんな種類であれ、**文中にツッコミが入り、そこに答えていくだけで読者の疑念は晴れていく**。

ツッコミと再反論がどんな感じの文章になるのか、簡単な流れを見ていこう。

①主　張　高校では日本史を必修科目とすべきである
②反　論　一方、「国際化に対応するには世界史だ」との反対意見もある
③再反論　しかし、国際社会で自国の歴史や文化を語れないほうが問題だ
④結　論　今後ますます国際化が進むからこそ、日本史の教育が大切なのだ

ツッコミに対して再反論を加えることで、自らの主張が強化されることがわかるだろう。

文中にツッコミを入れていくことは、読者に対する「優しさ」のようでありながら、同時に文章の「強さ」を高める作業でもあるのだ。

もう少し本格的な構成だと、次のようになる。

①主　張　高校では日本史を必修科目とすべきである
②理　由　世界史が必修で、日本史が選択科目となっている現状はおかしい
③反　論　一方、「国際化に対応するには世界史だ」との反対意見もある
④再反論　しかし、国際社会で自国の歴史や文化を語れないほうが問題だ
⑤事　実　実際のところ、他の国々では自国の歴史教育に力を注いでいる
⑥結　論　今後ますます国際化が進むからこそ、日本史の教育が大切なのだ

もちろん、この③反論と④再反論は、1回で終わらせなくてもいい。続けざまに「あるいはこんな意見もあるかもしれない」「しかし、それは～なのだ」というように、数種類の反論に答えていってかまわない。

あまりくり返すと文章がしつこくなるが、読者の疑問にしっかり答え、キャッチボール

をするように反論と再反論を楽しもう。

そして、自分ツッコミを入れない場面でも「ここを読んだ読者はこう反論してくるだろうな」という意識を持ち、**場合によってはあらかじめ反論を封じるような予防線を張っておくことも必要である。**

たとえば、「日本史を必修化しても暗記科目が増えるだけだ、との批判もあるかもしれないが、それは学校教育や受験システム全般に関わる議論であり、また別の話である」などの一文を挿入するのだ。

なお、こうやって挿入される自分ツッコミは、文脈上の〝転〟にもなり、むしろ文章のリズムをよくしたり、文章自体を面白いものにする効果もある。自分の文章を読んだ読者がどんな反論をしてくるか考え、先回りしながら自分ツッコミを入れてみよう。きっと、誰かとしゃべりながら書いているような気分を味わえるはずだ。

「大きなウソ」は許されるが、「小さなウソ」は許されない

文章を書く上で、絶対に犯してはならないミスがある。

それは「細部」の誤情報だ。

フィクションの世界でよく語られる、**「大きなウソは許されるが、小さなウソは許されない」という言葉をご存じだろうか？**

たとえばゴジラが街にやってくる。

これはとてつもなく〝大きなウソ〟だが、物語上なんら問題にならない。むしろ大歓迎な大ボラである。

そしてゴジラに自衛隊が応戦するのだが、戦車や戦闘機の攻撃がいっさい効かない。すべてがはじき返される。これも冷静に考えれば「どんだけ皮が固いんだよ」という〝中くらいのウソ〟だが、まあ許されるレベルだ。

続いて、ゴジラの攻撃から逃げる主人公が、倒壊《とうかい》したコンビニ前にある公衆電話を使い、妻や子どもたちの安否を確認する。

面白いことに、観客はこうした〝小さなウソ〟を許さない。

「いまどきコンビニの前に公衆電話なんか置いてねえよ」

「コンビニは壊れてるのに電話線は生きてんのかよ」

「携帯電話を使うだろ、普通」

「この時代にテレフォンカード持ち歩いてるやつなんか見たことねーよ」

「いいから早く逃げろ」

などなど、容赦《ようしゃ》ないツッコミが入るし、物語のリアリティは一気にしぼんでしまう。映画は、間違いなく駄作の烙印《らくいん》を押されるはずだ。

ウルトラマンだってそうだろう。

〝大きなウソ〟であるウルトラマンや怪獣の設定に多少の無理があっても、観客は文句を言わない。しかし、ウルトラ警備隊のユニフォームや火器、基地の描写などに不自然な点があると、途端に興《きょう》醒《ざ》めしてしまう。

あるいは、ハリウッド映画に登場する奇妙な日本や日本人の描写を見て、気持ちが萎《な》えてしまった経験は誰にでもあるはずだ。

物事の描写は、細部になればなるほど手を抜けないのである。

ノンフィクションの日常文でも同じである。

たとえば、あなたが自分のブログで「都内のラーメン屋でいちばんおいしいのは○○軒だ」と主張したとしよう。

もちろんこれは、正否の判断ができないという意味で〝大きなウソ〟に属する話だが、本当にそう思っているのなら問題ない。読者も黙って聞いてくれるだろう。

しかし、その味を説明しようと「繊細《せんさい》な魚介系のスープが」とか「自家製の縮れ麺《めん》が」などと語ったとき、じつは鶏ガラと豚骨がメインだったり、製麺所でつくった麺だったりしたら、どうなるだろう？

あなたの主張はたちまち信憑性《しんぴょうせい》を失ってしまう。

たとえ本当にそのお店が都内でいちばんおいしかったとしても、あなたは信用ならないウソつき呼ばわりされるのだ。〝小さなウソ〟とは、それほど許しがたいものなのである。

第2講で述べたように「面倒くさい細部」を語らないと、文章のリアリティは生まれない。しかし、細部の描写に失敗すると、文章のリアリティは総崩れになってしまう。

細部をどれだけ大事にできるかは、文章を書く上で最重要ポイントのひとつと考えていいだろう。

「わかったこと」だけを書く

それでは、どうしてわれわれは〝小さなウソ〟をついてしまうのか？

意識的なものであれ、無意識的なものであれ、われわれが〝小さなウソ〟をついてしまう理由は簡単だ。

ひと言でいって「理解が足りないから」である。**自らが語ろうとする対象について、まだ理解が浅いから〝小さなウソ〟が出てしまうのだ。**

ここでもう一度、先に紹介した吉本隆明さんの言葉を思い出そう。

もともとひとつの本は、内容で読むひとを限ってしまうところがある。これはどんなにいいまわしを易しくしてもつきまとってくる。また一方で、著者の理解がふかければふかいほど、わかりやすい表現でどんな高度な内容も語れるはずである。これには限度があるとはおもえない。

注目すべきは「著者の理解がふかければふかいほど、わかりやすい表現でどんな高度な内容も語れるはずである」の一文だ。

ぼく自身の話をしよう。

これまでぼくは、たくさんの専門家の方々に取材し、原稿を書いてきた。上場企業の経営者や大学教授に取材することもあれば、前世を診断して人の悩みを解決するというスピリチュアル・カウンセラーに取材することもあった。

いずれの分野においても、ぼくは「素人」である。取材前にたくさんの資料を読み漁《あさ》り、密度の濃い取材をして、原稿を書く段階でさらにたくさんの資料と格闘し、一歩ずつ書き進めていく。

そうした経験からぼくが気づいたのは、次の事実である。

「文章には〝自分の頭でわかったこと〟以外は書いてはいけない」

これは数学で考えるとわかりやすい。

たとえば、あなたが高校生で、期末テストに図形問題が出題されたとする。「辺ＡＢの長さを求めよ」という問題だ。解き方がわからず苦しんでいるあなたは、思わず友達の答案をカンニングした。学校一の秀才である友達は、よほど自信があるのだろう、解答欄に大きな文字で「辺ＡＢ＝４㎝」と書いている。

さて、これであなたも解答欄に「辺ＡＢ＝４㎝」と書くことができるだろうか？

もちろん、できない。

なぜなら〝答え〟はわかっても〝解き方〟がわからないからだ。いきなり答えだけ書いたら、カンニングしたことが見え見えである。たとえ答えがわかっていても、その解き方がわからなければ、答えを導き出せないのである。

文章についても、まったく同じことが言える。

取材を通じて、なにかの〝答え〟がわかったとしても、それをそのまま文章に書くことはできない。

なぜなら、文章とは〝答え〟を示すものではなく、その〝解き方〟を示すものなのだ。**読者にゴール地点を見せるのが目的ではなく、「ゴールまでの道のり」を示すことが文章の役割なのだ。**

もし「ゴール地点を見せること」だけが目的であるならば、長々と文章を書く必要はない。あらゆる文章は箇条書きで事足《ことた》りてしまうだろう。文章が必要で、そこにツッコミや寄り道が必要なのも、すべて「ゴールまでの道のり」を示すためなのである。

そして文章が〝答え〟ではなく〝解き方〟を示すものであるならば、まずは自分自身の手によって問題を解いておかなければならない。

ウィトゲンシュタインの有名な言葉、「語りえぬものには沈黙しなければならない」ではないが、われわれは自分が解けた問題についてのみ、語ることができるのだ。

だからぼくは原稿に「わかったこと」以外は書かない。自分の手で問題を解き、解法がわかった範囲についてだけ、書くようにしている。

仮に取材で100の話を聞いたとしても、自分の理解が60で止まっていたら、原稿には60までのことしか書けない。それ以上の話は書き手として責任が持てないし、無理に書こうとすれば「誤訳」してしまう。

ぼくが取材前後の資料読みを（ある意味では取材以上に）大切にしているのは、そのためである。

ライターは、取材を「聞く」だけで終わらせることなく、膨大な資料を読み込み、自分の頭で考え、自分の理解が少しでも100に近づくよう努力しなければならない。そして自分の理解が80までしか及ばなかったとすれば、正々堂々と80の範囲で書く。**「わかりやすい文章」とは、きっとそういうところから生まれるのだ。**

答えだけを求め、自分で解くことをサボった文章には、必ずほころびが出る。どこかに〝小さなウソ〟や不必要な周辺情報が混じり、文章の精度を著しく低下させる。

どんなに文章表現がうまくても、これだけはごまかせない。「わかったことだけを書く」というシンプルなルールを守ってこそ、読者の〝納得〟を引き出せるのだ。

目からウロコを何枚落とすか？

これまで、読者の椅子に座ることをテーマに話を進めてきたが、もう一歩踏み込んで読者の「読書体験」について考えてみよう。

ここでの読書体験とは、「感動する」とか「目からウロコが落ちる」とか「興奮する」といった、読書を通じた心の揺れ動きのことだと考えていただきたい。そしてまた（これはこの講義全体を通じた話だが）、小説などのフィクションは除外した上での話であることを、あらかじめ断っておく。

たとえば1冊のビジネス書があったとして、そこに「目からウロコが落ちる」ような要素がまったくなかったとする。どこかで聞いた話ばかりで、新しい情報が皆無《かいむ》だったとする。当然、読者は怒るだろう。「金返せ！」と思うだろうし、二度とその著者の本を手に取ることはないはずだ。

じゃあ、これが初めの1ページ目から最後まで「目からウロコが落ちっぱなし」の本だったらどうだろうか？

どこの誰からも聞いたことのないような情報、定説を覆《くつがえ》す斬新な仮説、初めて明かされる新事実、非常識ともいえる大胆な提言。発見に次ぐ発見で、意外なことだらけの本だったらどうなるだろうか？

不思議なことに、受け入れてもらえないのだ。それどころか「トンデモ本」として笑いのタネにされてしまう可能性が高い。

「意外なこと」や「知らないこと」のみで構成された本を前にしたとき、読者はどこまで信じていいのかわからなくなる。たとえ論に筋が通っていたとしても、どこかキツネにつままれたような、うまく言いくるめられたような〝猜疑心《さいぎしん》〟が残ってしまう。

結論から先に言っておこう。

ぼくは「目からウロコが落ちる」要素は、全体の3割で十分だと思っている。

逆に言うと、残り7割は「すでにわかっていること」でいいし、そうあるべきだと思っている。

なぜなら、われわれがノンフィクションの本に求めているのは「目からウロコが落ちる」ような体験だけではない。ビジネス書や教養書、またそれに類する雑誌やブログの場合、おそらく読者は次の3要素を求めている。

①目からウロコ……「おおっ!!」「ええーっ!!」
②背中を後押し……「そうそう」「よしよし」
③情　報　収　集……「ふむふむ」「なるほど」

まず①の〝目からウロコ〟にあるのは、目が覚めるような読書体験である。

たとえば「いまの自分を変えたい」「こういう人間になりたい」「現状を打破したい」といった自己変革の欲求、あるいはもっと単純に「刺激がほしい」「感動したい」という欲求もここに含まれるだろう。いまの自分に納得がいかなかったり、もっと上を目指していたり、社会の仕組みに不満を抱いていたりして、自分になにかしらの〝変化〟を求めているのである。

気分としては、「おおっ!!」や「ええーっ!!」と感情を揺さぶられながら読み進めることになる。

続いて②の〝背中を後押し〟は、自説を補強せんとする自己肯定の欲求である。

つまり、「自分の考えが間違っていないことを確認したい」「迷っている自分の背中を押してほしい」などがこれにあたる。

たとえば、転職を考えている読者は「転職などするな!」という大胆な主張を聞いても、目からウロコを落とさない。反発するだけである。

それよりも「転職してこそ道が開ける!」と、自分の思いと同じ主張をしてもらったほうが受け入れやすいし、読んでいて気持ちいい。ここには新しい情報などいらない。自分を励まし、背中を押してほしいのだ。

気分としては、「そうそう」「よしよし」と頷《うなず》きながら読み進めることになる。

そして③の〝情報収集〟だが、これは感情を揺さぶられるような話よりも、冷静で客観的な意見を求めようとする欲求だ。

つまり、「世間の平均的な意見を知りたい」「専門家の客観的な認識を知りたい」という態度で、賛成と反対のさまざまな情報を集め、最終的には自分で判断しようと考えている。純粋な知的好奇心ということもできるだろう。

気分としては「ふむふむ」「なるほど」とメモを取るような意識で読み進める。

そして大切なのは、**読者は1冊の本、1本のブログ、1通の企画書のなかに、これらの要素を求めていることだ。**

ある場面では「ええーっ!!」と驚き、別の場面では「そうそう」と頷き、またある場面では「なるほど」とメモを取りたいのだ。

そんな複雑な文章なんて書けない？

別に難しいものではない。マトリョーシカ構造で考えてみよう。

大胆不敵な〝主張〟は「ええーっ!!」と驚いてもらうのに適した話だし、〝理由〟を語る場面では「そうそう」と頷いてもらいやすい。そして〝事実〟として紹介する各種の情報は、読者が「なるほど」とメモを取るのにピッタリだろう。

その意味でいうと、次のような文章は最悪である。

①主　張……日本一おいしいラーメンはカップ麺だ（ええーっ!!）
②理　由……カップ麺特有の化学調味料の味がたまらない（ええーっ!!）
③事　実……実際、カップ麺ほど売れてるラーメンはない（ええーっ!!）

文章のどこを切り取っても「ええーっ!!」な話の連続で、とても納得できるものではない。①の主張はまだ許せる。〝大きなウソ〟のひとつとして、見逃すこともできる。

しかし、問題は②と③だ。読者としては、ここに「そうそう」や「なるほど」の要素がこないと、文章全体に納得できないのである。

だから文章を書く人間（特にライターやブロガー）は、いつも「目からウロコを何枚落とすか？」を考えるようにしよう。

そして読者が「そうそう」と頷ける要素、「なるほど」とメモを取るだけの要素を、文章のなかに用意するようにしよう。

驚きや感動だけが読書の醍醐味《だいごみ》だと思ったら大きな間違いだ。斬新でさえあれば面白い文章になると思ったら、とんだ思い違いだ。

頷き（そうそう）やメモ（なるほど）も、読書に欠かせない醍醐味であり、文章を構成する大切な要素なのである。

なぜ「あなたにも〝読者〟がいる」のか？

最後にタネ明かしをすると、この講義で取り上げた「読者の椅子に座る」というアイデアには、ちょっとした元ネタがある。

小学生のころ『グレムリン』という映画を観た。製作総指揮スティーヴン・スピルバーグ、監督ジョー・ダンテによるヒット作だ。その映画のパンフレットのなかで、ジョー・ダンテがこんなことを語っていた。

「なにも知らない観客として、自分の映画を観てみたい」

たぶん間違いないとは思うが、もうパンフレットもなくしてしまったし、別の映画だったり、別の監督の発言だった可能性もゼロとは言い切れない。

ただ、「そうか、この監督さんはこんなに面白い映画を〝観客として観ること〟ができないんだ。こんなに面白い映画を観ても、ドキドキワクワクできないんだ」と、ちょっと可哀想に思ったのを覚えている。

再びこの言葉を思い出し、そこに含まれる意味を噛《か》みしめるようになったのは、自分がプロのライターになってからのことだ。

われわれライターは、基本的に編集者からの依頼があってこそ、仕事が成立する。そのため、いつも「自分の好きなもの」を書けるとはかぎらない。むしろ「まったく知らないもの」や「これまで関心がなかったもの」について原稿を書くことのほうが多い。しかし、ときには「好きなもの」を書く機会もある。

10年ちょっと前のことだっただろうか。プロレス・格闘技雑誌の名物編集長3氏が一堂に会《かい》し、90年代に隆盛《りゅうせい》を極めた「活字プロレス」現象の功罪を総括《そうかつ》し、バーリトゥード登場以降の業界展望を踏まえつつ、これからのプロレス・格闘技雑誌が進むべき道を語り合ってもらう、という座談会の原稿を書かせていただいたことがある。

熱狂的な格闘技ファンだったぼくにとって、願ってもない依頼だった。しかも媒体は格闘技とは無縁な一般誌で、「オレがやらずに誰がやる!」と意気込んだ。

しかし、こうして「活字プロレス」だの「バーリトゥード」だのと言われても、ほとんどの方にとってはサッパリわからないだろう。

そう、わからないのだ。

たとえば、「活字プロレス」という概念ひとつを説明するのにも、本気になって語ろうとすれば、それだけで誌面は尽きてしまう。かといって、これを200文字で要約するとなると、今度は「言い足りなさ」にイライラする。もっと語りたい、もっと深く迫りたい、もっと自分の知識を披瀝《ひれき》したいと、さまざまな欲が出てくる。

その結果、自分と読者との距離感がわからなくなり、方向性の定まらない原稿になってしまう。いっそのこと、「わかる人にだけわかる」方向にシフトすれば面白く書けるのだろうが、マニア向けの専門誌でもないかぎり、それはできない。

結局そのときも、取材そのものは面白かったのに、でき上がった原稿は非常に中途半端な内容になってしまった。**「自分の好きなもの」に関する原稿は、意外なほど書きづらいのだ。**

一方、自分にとって「まったく知らないもの」や「これまで関心がなかったもの」の原稿は、かなり書きやすい。

手を抜いているのではない。

たとえば以前、不動産投資に関する原稿を書かせていただいた。依頼を受けるまで、まったく知らないし、なんら関心がなかったジャンルである。

こうした場合、取材の前後に膨大な資料を読み込み、まるで受験生のように「勉強」しなければならない。率直に言って、かなり骨の折れる作業だ。

しかし、原稿の執筆にあたっては、読者との距離感がはっきりとわかるし、方向性に迷うこともない。「わかりやすい原稿が書けている」との手応えが、しっかりとある。

不動産投資に限らず、自分にとって「まったく知らない」分野であるほど、どういう訳だか最終的な原稿は書きやすくなるのだ。以前はそれが不思議でならなかった。

そしてあるとき、ジョー・ダンテの「なにも知らない観客」というフレーズを思い出し、なるほどと膝《ひざ》を打ったのである。

つまり、不動産投資についての原稿を書こうとする自分は、つい最近まで「なにも知らない観客」だったのだ。

だから読者（観客）の気持ちがわかるし、読者がどんなところでつまずくか、どんな疑問を抱くのかが、かなり正確にイメージできる。そしてまた、自分が「なにも知らない読者」から出発して歩んできた〝理解に至る道〟を忠実に再現すれば、おそらく読者も理解・

納得してくれるはずなのである。

じゃあ、仮にいまの自分が「自分の好きなもの」に関する原稿を書くとしたら、どうなるだろう?

おそらくいまの自分だったら「自分の椅子」から立ち上がり、「読者の椅子に座る」ことができるはずだ。専門性の罠に溺れることもないだろうし、一方的な〝説得〟ではなく〝納得〟のアプローチを選ぶことができる。

以前と比べて文章テクニックが向上したからではない。読者に対する意識が変わり、読者が「見える」ようになったからだ。

〝読者〟とは、文章の向こう側にだけ存在する誰かのことではない。

われわれが実際に会い、言葉を交わし、仕事したり、笑ったり、ケンカしたり、恋をしたりする相手も〝読者〟なのだ。

だから「読者の椅子に座る」意識は、コミュニケーションの根幹《こんかん》にあるべきものだと、ぼくは思っている。

この第3講は「あなたにも〝読者〟がいる」という話から始まった。文章を書こうと書くまいと、われわれは〝読者〟に囲まれ生きているのである。

No.

Date

第3講のまとめ

読者の「椅子」に座る

- あらゆる文章には、必ず読者が存在する。
- 読者の立場に立つのではなく、読者の「椅子」に座る。
  ①「10年前の自分」の椅子に座る
  ②「特定の"あの人"」の椅子に座る

文章は、やさしく書くのがいちばんむずかしい

- 「わかるヤツにわかればいい」のウソ。
  →「著者の理解がふかければふかいほど、わかりやすい表現でどんな高度な内容も語れるはず」(吉本隆明)

"説得"せずに"納得"させる

- 人は「他人事」に興味はない。
  →「自分事」にすることで、納得させる。
- "仮説"を提示し、一緒に"検証"することで、読者を「議論のテーブル」につかせる。
- 「起"転"承結」で読者を巻き込む。
- 自分の文章に自分でツッコミを入れる。

文章は"コミュニケーション"

- 「小さなウソ」はつかない。細部をどれだけ大事にできるかは、文章の最重要ポイント。
- 「自分の頭でわかったこと」以外は書かない。
- 「目からウロコ」は3割、残り7割は「すでにわかっていること」でよい。

第4講

原稿に「ハサミ」を入れる

- ★何を書かないか？
- ★もったいないは禁句
- ★文才なんていらない！

右手にペンを、左手にはハサミを

もともと、この第4講では〝推敲《すいこう》〟をテーマに話を進めていく予定だった。

推敲といえば、自分の書いた文章を読み返し、練《ね》りなおすことだ。

しかしこの言葉、どうにもとっつきにくいところがある。

まずもって、字面《じづら》からイメージが湧かない。少なくとも「敲」という字は、他の場面で使われているのを見た覚えがない。

そこで辞書を引いてみたところ、推敲は次のような故事《こじ》から生まれた言葉だという。

唐《とう》の時代に、賈島《かとう》という詩人がいた。

そして彼が「僧《そう》は推《お》す月下《げっか》の門《もん》」という詩句をつくったのだが、ここで「推す」という言葉を「敲《たた》く」に改めるべきかどうか迷った。そこで唐宋八大家《とうそうはちたいか》のひとりでもある偉大な文人・韓愈《かんゆ》に尋ね、最終的に「推」を「敲」とすることにした……のだそうだ。なるほど、字面からイメージが湧かないのも当然である。

わざわざこんな（さして面白くもない）雑学を持ち出した理由は、他でもない。

世間では推敲のことを、それこそ「推」を「敲」に改めるような、単語レベルでの練りなおし・書きなおしの作業だと思っている人が多い。もっと言えば、誤字脱字をチェックするのが推敲だと思い込んでいる人さえ、いるほどだ。

たしかにそれも推敲の一部ではあるだろう。しかし本来の推敲とは、もっと大きな範囲に及ぶものだ。

自らの文章にハサミを入れ、切るべきところをざっくり切り落とす。文章の「あっち」と「こっち」を大胆に差し替える。足りないと判断すれば、数ページ分の長文をドカンと追加する。切る、貼《は》る、足す。そしてようやく、「推」を「敲」に改める作業に入っていく。それがぼくの考える推敲だ。

この「切る、貼る、足す」の作業、なにかに似ていると思わないだろうか？

そう、映画の〝編集〟だ。

推敲の本質は、赤ペン片手に文中の「推」を「敲」に改めていくことではない。**ハサミを使った〝編集〟こそが、推敲の基本なのである。**

だからぼくは、推敲作業全般を〝推敲〟とは呼ばず、〝編集〟という名前で呼びたい。

そしてすべての書き手に「右手にペンを、左手にはハサミを」と呼びかけたい。

赤ペンでちまちま書き直したところで、いい推敲はできない。自分の書いた文章に躊躇《ちゅうちょ》なくハサミを入れる勇気があってこそ、本当の推敲ができるのだ。

というわけで第4講のテーマは〝編集〟である。

一般に推敲というと、「自分の書いた文章を読み返し、練りなおすこと」というイメージがあるだろう。しかし、ここで紹介する〝編集〟には、2つの段階がある。

書き終えたあとの編集と、書きはじめる前の編集だ。

まずは「書きはじめの編集」について、見ていくことにしよう。

「なにを書くか?」ではなく「なにを書かないか?」

前回の講義の最後に、座談会原稿で失敗した話をした。座談会そのものは面白かったのに、原稿は中途半端な内容になってしまった、という失敗談だ。

じつは、こうした失敗談はよくある話である。

インタビューなどの取材原稿は、現場でのやりとりが一言一句そのまま再現されたものではない。取材中には相手が言い淀《よど》むこともあれば、話の重複もあるし、場合によっては月並みで退屈な話、取材のテーマとまるで関係のない話だってたくさん出てくる。そしてなにより、誌面には文字数の制限がある。

そのため記者やライターは、現場で仕入れた〝元ネタ〟を使って、原稿を書き上げていくことになる。〝元ネタ〟のどこを切り落とし、どうつなげていくかは、基本的に記者やライターの自由である。

これは文章の入り口を考える上で、非常に重要な話だ。

日記を例に考えてみよう。

たとえばあるビジネスマンが、こんな1日を過ごしたとする。

寝坊ギリギリの時間に目が覚めて、通勤電車で文庫本を読み、営業先で顧客の苦情を聞き、ランチに親子丼を食べ、会議のあとに上司からほめられる。恋人からメールが届き、喫茶店で週刊誌を読んで、夜の8時まで残業をこなし、家に帰ってバラエティ番組を見ながらビールを飲み、風呂に入ってパソコンの前に座る。

このように、1日の出来事を列挙していけば、キリがない。もちろん日記に、これらすべてを書くことはできないだろう。

特に印象に残ったこと、どうしても書いておきたいこと、あるいはその場で思いついたことなどをピックアップして、上手につなぎ合わせながら書いていくはずだ。

ぼくが「書きはじめの編集」と呼んでいるのは、まさにこのことである。

膨大なフィルムを切ったり貼ったりして1本の映画が完成するように、その日の出来事を〝編集〟することによって、1本の日記を書く。

日常にあふれる〝元ネタ〟を編集することによって、あるいは頭のなかの〝元ネタ〟を編集することによって、文章が完成する。


つまり、文章の入り口には〝元ネタの編集〟という作業があるのだ。


作文や小論文の授業、また文章術を説く多くの本では、ここで〝元ネタ〟と呼んでいるもののことを〝素材〟や〝題材〟といった言葉で説明する。「作文の題材は日常のなかから探しましょう」とか「文章の素材を集めましょう」などなど、である。

しかし、ぼくの感覚からすると「素材を集める」とか「題材を探す」とか言っている時点で、もう間違っている。こんな抽象的なアドバイスを受けたって、余計に混乱するだけだろう。

なぜか?

素材も題材も、探す必要はないのだ。

問題は「なにを書くか？」ではなく、「なにを書かないか？」なのだ。

書くべきものは、日常のなかにたくさん転がっているし、頭のなかにうんざりするほど溢《あふ》れ返っている。書くべきものが見当たらないのは、素材が足りないのではない。むしろ〝元ネタ〟が多すぎるせいで、見えなくなっているのだ。

必要なのは、素材や題材を峻《しゅん》別《べつ》する「なにを書かないか？」という問いかけである。書くべき素材や題材を探しまわるのは、もうやめよう。「なにを書かないか？」という視点に立って、すでにある〝元ネタ〟を編集していくのだ。

伝わる文章は〝オレンジジュース〟

「なにを書かないか？」の意識が求められる理由について、具体例を交えながら見ていくことにしよう。

たとえば、あなたが「高校生活を振り返って」というテーマで作文を書くとする。別に「大学生活を振り返って」でもいい。とにかく書くとする。

このとき、「なにを書くか？」を基準に考えていると、どうなるだろうか？

かなりの確率で、発想が〝足し算〟になる。

要するに、「部活のことを書こう、文化祭の話も入れよう。そうそう、修学旅行も楽しかったし、あの先生の授業も好きだったな」と考え、そのまま書いてしまうのだ。

たしかに、楽しい高校生活を網羅《もうら》した作文にはなるだろう。

しかし、読みものとして考えたとき、つまりそれを読まされる読者の「椅子」に座って考えたとき、はたしてその作文は読みやすく、面白いものになるだろうか？

残念ながら、そうはならない。

部活、文化祭、体育祭、修学旅行、恩師など、たくさんの話を並列で語られると、読者はどのトピックをどれくらいの温度で読めばいいのかわからなくなる。話のポイントがどこにあるのか、さっぱりわからないのだ。

そしておそらく、書いている本人にもわからないだろう。きっと「どれも大事」で「どれも欠かせない」と思っているはずだ。

一方、「なにを書かないか？」を基準に考えると、作文の内容はまったく違ったものになる。**発想が〝引き算〟になるからだ。**

部活や文化祭など、高校生活のさまざまなトピックを〝元ネタ〟としながら、「なにを書かないか？」を考える。

「部活の日々を語らずして、高校生活を語ることができるのだろうか？」

「高校生活の思い出は、文化祭を抜きに考えられるだろうか？」

「体育祭と文化祭、どちらが印象深いイベントだっただろうか？」

「あの恩師がいなかったら、高校生活はどうなっていただろうか？」

こうして考えていった結果、「自分の高校生活にとって、部活と恩師だけは絶対に欠かすことができない」という結論に達したなら、そのまま書いていけばいい。網羅的に書かれた〝足し算〟の作文とは違い、読者にも「あなた」という人間が伝わりやすくなるはずだ。

なぜなら、こうして物事を〝引き算〟で考える作業は、**最終的に「自分にとって大切なものはなにか？」「自分はどういう人間で、どんな価値観を持って生きてきたのか」を考えることにつながっていくからだ。**

この話をするとき、僕はいつも野菜ジュースとオレンジジュースを比較しながら説明するようにしている。

野菜ジュースとは、十数種類の野菜や果物が〝足し算〟によってミックスされた飲み物である。

栄養のバランスはとれているのだろう。しかし、野菜ジュースを飲んでいても、自分がなにを飲んでいるのかよくわからないところがある。トマトなのか、ニンジンなのか、リンゴなのか、セロリなのか、ほうれん草なのか。いろんな野菜・果物が混ざりすぎて、「〇〇味」と表現しづらいのだ。さらに、それらの原料が濃縮還元されているため、決して飲みやすいとも言えない。

一方、オレンジジュースは〝引き算〟の飲み物である。

オレンジジュースの面白いところは、「おいしさ」や「飲みやすさ」を追求するなかで、自らの果汁すらも〝引き算〟している点だ。

果汁100パーセントのオレンジジュースは柑橘《かんきつ》系特有の酸味が強く、好みが分かれる。そこで多くのオレンジジュースでは、果汁を30パーセントや10パーセントまで減らすことで「おいしさ」や「飲みやすさ」を実現している。

もちろん、果汁を減らしても甘みや香りは残されている。特徴的なオレンジ色だって、しっかりと残されている。いや、残されるどころの話ではない。甘味料や香料、着色料を加えることで、強調されているくらいだ。

なぜなら、それが〝引き算〟によって浮かび上がったオレンジの本質だからである。

たとえば、「オレンジの〝色〟は無色透明でも大丈夫か？」と考えてみよう。

「オレンジ色の砂糖水」を飲んだとき、多くの人はそれを「オレンジジュースっぽい飲み物」と認識するだろう。オレンジの味はしないけど、トマトジュースやリンゴジュースではない。この色は、とにかくオレンジジュースっぽいなにかだ、と。

一方、「無色透明のオレンジ味飲料」を飲んだときは、どうだろう？

舌がびっくりして、頭が混乱するのではないだろうか？

オレンジっぽい味がするけど、だとしたらこんな色をしているはずがない、これはきっと別のなにかだ、と考えるのではないだろうか？

オレンジジュースにとっての「オレンジ色」は、それほど重要で、絶対に〝引き算〟できない要素なのである。

おそらく、オレンジジュースにとっての「大切なもの」とは、①色、②甘み、③香り、そしてかなりの周回遅れで④酸味、という順番になるはずだ。これは〝引き算〟のプロセスがあるからこそ、見えてくるものである。

別に、野菜ジュース的な文章、〝足し算〟の文章がすべて間違っているとは言わない。研究論文などの分野、資料的要素の求められる学術書などの分野では、濃縮還元された野菜ジュースもいいだろう。

しかし、日常文の目的は違う。

伝わる文章を書きたければ、絶対にオレンジジュースだ。伝わる文章に必要なのは、栄養価よりも飲みやすさであり、ゴクゴクと飲み干せるおいしさなのだ。

書きはじめの編集段階における「なにを書かないか？」という問いかけは、単なる消去法ではない。「自分にとって大切なものはなにか？」をあぶり出す、自己探求と自己分析の作業でもあるのだ。

まずは頭の中の〝ぐるぐる〟を紙に書き出す

それでは具体的に、「書かないもの」を見極める方法を考えていきたい。

誰だって、ブログや日記を書こうとして手が止まったとか、書きたい気持ちはあるけど、なにを書けばいいのかわからないといった経験はあるだろう。

くり返すが、素材や題材を「探す」必要はない。書くべきものはすでに揃っている。問題は、それが見えていないことだ。

見えていないのだったら、話は早いだろう。**強引に可視化してしまえばいいのである。**目を閉じて頭のなかでごちゃごちゃと考えるから、見えなくなる。ちゃんと目に見える形にしてから〝編集〟していけばいいのだ。

そして頭の中身を可視化するには、紙に書き出すのがいちばんである。

たとえば、「最近のテレビについて」をテーマに文章を書くとしよう。

このとき、最初にやるべきは「思いついたこと」を紙に書き出していくことだ。ノートでもメモパッドでもいいし、コピー用紙でも付箋紙でもいい。最近のテレビにまつわるキーワード、なんとなく思いついたことを、どんどん書き出していく。

ここでアドバイスがあるとするなら、紙をケチらないことだ。

文章を書く上で、パソコンと紙と筆記具は、ほとんど唯一ともいえる設備投資である。だからノートと筆記具は何種類も使い心地を試し、気に入ったものがあったら大量購入して、湯水のように使い倒そう。どれだけ無駄遣いしても、月に5000円を超えることはないはずである。

さて、仮に「最近のテレビ」に関連するキーワードが10個出てきたとする。

ここまでの「キーワードを紙に書き出す」という作業は、一般的な文章術・企画術などでもよく語られる話だ。しかし、本当に大切な作業はこの先にある。


まず、書き出した10個のキーワードをじっと眺めてみよう。

おそらく10個には、なんらかの〝傾向〟がある。特に意識したわけでもないのに、ランダムに書き出したはずなのに、なんとなくの〝傾向〟があるはずだ。

たとえば最近のテレビについて「①つまらない」「②下品なバラエティ番組ばかり」「③歌番組が減っている」「④プロ野球中継も減っている」「⑤たまに見るNHKのドキュメンタリーは面白い」などのキーワードが出てきたとする。一見バラバラな意見のようだが、ここには〝番組内容が中心〟という傾向がみられる。

ある意味これは当然のことだ。

自由かつランダムに考えているつもりでも、キーワードを挙げていく作業はどうしても連想的になり、ひとつの〝傾向〟を持ってしまう。本当の意味でランダムな発想をするのは、かなり難しいのである。

これはちょっと、もったいない話だ。ひとつの〝傾向〟を持ってしまったことで、発想に偏《かたよ》りが出ている可能性が高い。


そこで次のステップだ。

今度は、内容を〝それ以外のこと〟に限定して、つまり〝番組の内容以外のこと〟で、もう10個のキーワードを列挙してみよう。

難しい作業だろうが、テレビと直接関係のない話（たとえば「最近は雑誌もつまらない」や「CDやゲームも買わなくなった」「インターネットばかりやっている」など）でもかまわない。がんばって10個書き出していくのだ。

こうして**〝ある傾向を持つキーワード〟と〝それ以外のキーワード〟の両方を出し尽くしたとき、ようやく〝元ネタ〟が揃ったことになる。**

ひとつの傾向に流されない、より広範《こうはん》な〝元ネタ〟から「なにを書かないか？」を考え、キーワードを峻別することができる。面白い文章を書く土台ができあがるわけだ。

たとえば、最初の10個で考えることをやめていた場合、できあがる文章は「最近のテレビは、歌番組やプロ野球が減る一方、下品なバラエティ番組ばかりが増えている。だから私はNHKのドキュメンタリーしか見ない」といった内容になるだろう。

一方、もうひと踏ん張りして〝それ以外〟の10個まで考えた場合は、どうなるか。

「最近のテレビはつまらない。しかし、考えてみると新聞や雑誌もほとんど読まなくなったし、ゲームもやらなくなった。それよりも、ツイッターやフェイスブックで友達と交流するほうが楽しい。時代のキーワードは〝交流〟なのだ」

と、より広範な内容になることも考えられる。

どちらの文章が面白いかは、人それぞれだろう。しかし、これだけは言える。

つらつらと書き出しただけのキーワードでは、内容に偏りが出てしまい、**文章の〝伸びしろ〟がなくなってしまうのだ**。

もちろん、これは面倒な作業である。そんなことをしなくても文章は書けるし、実際これまで書いてきた、と言われるかもしれない。ぼくにしても、もうそれなりの経験もあるのだし、思いつくまま書いていきたい気持ちはある。

しかし、**ここで大切なのは「自分を疑う力」なのだと、ぼくは思っている**。

思いつくまま書こうとする自分を「それで面白い文章が書けるか？」と疑う。

頭のなかで整理しようとする自分を「紙に書き出さなくても大丈夫か？」と疑う。

紙に書き出したキーワードを眺めて「本当にこれがすべてか？」と疑う。

そうやって、**自分に何重にも疑いの網《あみ》をかけていくことで、ようやく書くべきことが見えてくる。見えてなかったものが見えてくる。**

なぜなら、ぼくは想像力あふれる〝天才〟ではないし、非礼を承知で言えば、この講義を受講しているあなたも〝天才〟ではないはずなのだ。

天からすばらしいアイデアが降ってくることもないし、突如として文章の達人になることもない。自分のなかにある〝元ネタ〟を根気強く取り出し、峻別していくしかない。どんなに文章が得意でも、自分の力を過信してはいけないのである。

夜中に書いたラブレターの例を待つまでもなく、文章とはとかく自己陶酔《とうすい》や視野狭窄《きょうさく》に陥りやすいツールである。

自分に酔うことなく、自分の力を過信することなく、いつも「疑う力」を忘れずに文章と向かい合うようにしよう。可視化の作業は、その最たる例である。

下手な文章術より映画に学べ

ここで少し、ぼくの〝原点〟について触れておきたい。これはこの講義の内容とも大きく関わる話だが、前半部分は聞き流していただいてかまわない。

小学生のころ、漫画家を夢見ていたという話は先にも紹介した。

子どもながらに漫画を描いていたおかげで「面倒くさい細部」の重要性を知ることができた、と。あの経験があって本当によかったと、いまでも思っている。

しかし、漫画家をあきらめた自分が、物書きの仕事を目指すようになったかというと、そうではなかった。

次に夢見るようになったのは、映画監督だ。中学時代には、昼休みの教室でひとり映画ポスターの制作に励む自分がいた。好きな映画のポスターではなく、「いつか自分が撮る映画」のポスターをせっせと描いていくのだ。ビデオカメラも持たず、脚本の書き方もわからない自分にとって、ポスター制作は唯一の「映画に近づく道」だった。タイトルはもちろんキャッチコピーや上映スケジュールまで描き入れたポスター制作は、いまでも懐かしく思うことがある（ちなみに当時撮りたかったのはゾンビ映画だった）。

高校生になっても映画へのあこがれは冷めることがなく、そのまま地元大学の芸術学部に進んだぼくは、卒業制作でいよいよ初めての映画を撮ることになった。試行錯誤を重ねながら脚本を書き上げ、たくさんの絵コンテを描き、とてつもない傑作になると確信していた。

ところが、完成した映画の出来はひどいものだった。

意味不明なカット、観客を置き去りにしてあらぬ方向へと進んでいくストーリー展開、わけのわからないまま死んでしまう主人公。思い出しただけでも顔から火が出るほど恥ずかしくなる。

経験不足、勉強不足、コミュニケーション不足。大失敗に終わった理由を挙げればキリがない。ただ、最終的に行き着いた結論は次のようなものだった。

スポーツの世界には、集団競技と個人競技があり、集団競技に向いている人とそうでない人がいる。同様に、創作の世界にも集団競技と個人競技があり、自分は個人競技者なのだ。集団による創作活動に、とことん向いていなかったのだ。

そしてぼくは映画の道をあきらめ、個人競技としての文章を選ぶことになった。

さて、思い出話はここまでである。

長年夢見ていた映画をつくってみて、自分に才能がないと思い知らされることは、かなり手痛い挫折《ざせつ》だった。

しかし、このときの経験はいまも確実に役立っている。もし、ライターとしての自分に長所があるとしたら、それは間違いなくここで身につけたものだ。

他でもない、映像の〝編集〟である。

なんらかの意図があって撮影したカットを、容赦《ようしゃ》なく削《けず》り落としてつなぎ合わせていく作業。それが編集だ。当然、自分が撮影したカットには思い入れもあるし、意図もある。出演してくれた役者さん（といっても友達だが）への義理もある。

しかし、映画は時間の芸術だ。

削らないことには映画にならない。ぼくレベルの自主映画ですら削る必要に迫られるのだから、商業映画ともなればもっと大変な作業だろう。

苦労して撮影したカットに、身を削るような思いでハサミを入れていく。1秒単位のムダを排除していく。その結果、ようやく1本の映画ができあがる。だから、どんな映画でも監督にとって無駄なカットは1秒たりとも存在しないし、監督はすべてのカットに関して「なぜこのカットがここに入るのか」、雄弁《ゆうべん》に語ることができるはずだ。

この事実を身をもって体験して以来、映画を観る目が180度変わった。

そして文章を書く上においても**「なぜここにこの一文が入るのか」**、あるいは**「なぜここにこの一文が入らないのか」をしっかりと説明できる自分であらねばならない**、と思うようになった。

というのも、面白くない文章とは、なによりも冗長《じょうちょう》なのだ。

余計なカットが多すぎて、削るべき一文・一節を「情」を理由に削り切れていない。

読者にとって冗長な文章ほどつらいものはないだろう。

だからこそぼくは、みんな〝編集者〟の眼を持つべきだと思っているし、**下手な文章術を学ぶよりも、編集の見事な映画をじっくり鑑賞するほうがよほど文章のトレーニングになると思っている。**

「無駄なカットなど1秒たりとも存在しないし、すべてのカットに意味がある」

という事実を頭に入れつつ、自分の好きな作品を鑑賞する。頭はヘトヘトになるだろうが、映画を観る楽しさは何倍にも膨らむはずだ。

少なくともぼくは、文章の書き方（構成や編集など）について、本から学んだのと同じくらい多くのことを映画から学んでいる。

「もったいない」のサンクコスト

続いて、文章を書き終えてからの編集作業、いわゆる〝推敲〟について見ていこう。

推敲とはなにか？

もしそう聞かれたら、**ぼくはひと言で「過去の自分との対話だ」と答える。**

たとえば、1時間かけて恩師への手紙を書いたとしよう。そしてコーヒーでも淹《い》れてひと息つき、手紙の文面を読み返す。気になるところを書き直したり、削ってみたり補ったりする。

これは読み返しとか書き直しとかではなく、「1時間前の自分」と、膝《ひざ》を交えて語り合うような行為だと考えればわかりやすい。

「お前どうしてこんな意味不明なこと書いたんだ？」

「なかなか面白いこと言うじゃないか」

「さすがにこれは論が飛躍してるよ」

などなど、自分の文章にツッコミを入れ、ときにほめながら読み進めていくのだ。

文章術の本では、「推敲するときは、客観的に精読していきなさい」などとアドバイスされることがあるが、そんな小難しいスタンスを取る必要はない。

もっとシンプルに「いまの自分」と「過去の自分」が対話していると考えるのが、いちばん手っ取り早いし、的確な推敲ができるはずだ。

そして、**推敲するにあたって最大の禁句となるのが「もったいない」である。**

こんなに頑張って書いた箇所を削るなんて「もったいない」。

せっかく何日もかけて調べたから、どこかに入れないと「もったいない」。

あれほど盛り上がった話を入れないなんて「もったいない」。

そう考えてしまう気持ちはわかる。痛いほどわかる。ぼく自身、日々この気持ちに襲《おそ》われるといっても過言ではない。

しかしこれは、読者となんの関係もない話だ。

読者は、あなたの「がんばり」や「悩んだ量」を評価するのではない。あくまでも、文

章の面白さ、読みやすさ、そして書かれた内容について評価を下すのである。

文章を書いていて行き詰まったとき、「なんか違うな」と思ったとき、原稿を読み返してみると、けっこうな確率で「もったいないから残した一節」が紛れ込んでいるはずだ。

そして、その一文を取り繕《つくろ》うためにゴニョゴニョと余計な説明を入れ、全体が台なしになっている。

しかし、ここでの「もったいない」や「せっかく書いたのに」とは、典型的な〝サンクコスト（埋没費用《まいぼつ》）〟なのである。

どういうことか、身近な例で考えよう。

たとえば、人気ラーメン店の行列に並んだとする。

30分経っても行列はほとんど動かず、いつになったら食べられるか全然わからない。腹が減っておかしくなりそうだ。もう腹に入ればなんでもいい。隣のカレー屋に入ったほうがいいような気もする。

……そんな状況にもかかわらず、多くの人は「30分も並んだのに、あきらめるのはもったいない！」「いまカレー屋に入ったら、並んだ30分がムダになる！」と考え、そのまま

（いつ食べられるかわからない）ラーメン店の行列に並び続けてしまうのだ。

こうした心理、またそこに投じた費用や労力（ここでは30分の時間）のことを、経済学や心理学の世界で〝サンクコスト〟という。

推敲とは、ある意味サンクコストとの戦いだ。

どれだけ自分の「もったいない」や「せっかく書いたのに」を退け、文章を削ることができるか。サンクコストの罠に縛《しば》られず、前に進むことができるか。

感情に流されることなく、冷静に判断するようにしよう。

なぜ文章を切り刻むのか？

推敲にあたって、削ることと同時に考えたいのが「切る」ことだ。

切るとはつまり、ひとつの長文を複数の短文に切り分けることである。

読み返すなかで、**少しでも長い文章を見つけたら、さっさとハサミを入れて短い文章に切り分けたほうがいい。**

理由としては、大きく次の3つが挙げられる。

①冗長さを避けてリズムをよくする
②意味を通りやすくする
③読者の不安をやわらげる

最初の①については、すんなりと納得していただけるだろう。

だらだらと続く文章は、とにかく冗長で読みづらい。読点をうまく使いこなせば多少は緩和《かんわ》できるものの、それにも限界がある。特に、読点を3つも4つも使ってつなげているような文章は、どこかで切りどころを考えるべきだ。そして当然、文章は短く切っていったほうがリズムもよくなる。

続く②の「意味を通りやすくする」も大事な要素だ。次の文章を見てほしい。

「大急ぎで支度《したく》をしたが、間に合わなかった」
「大急ぎで支度をしたが、なんとか間に合った」

どちらも前段は同じ文で、同じく接続助詞〝が〟を使っている。違うのは結末部分だけである。どちらの文章でも意味は通じるし、大きな誤解を招くことはない。ただ、こうして2つ並べてみると、なんとなく奇妙な感じがするはずだ。

そこで、これを次のように切り分けると、どうだろうか。

「大急ぎで支度をした。けれど、間に合わなかった」

「大急ぎで支度をした。おかげで、なんとか間に合った」

こちらのほうがずっと意味が通りやすくなるはずだ。文章として若干細切《こまぎ》れな感じがあるものの、言いたいことはストレートに伝わる。

もし、この〝細切れ感〟が気になるなら、次のように書き換えるといいだろう。

「大急ぎで支度をしたのに、間に合わなかった」

「大急ぎで支度をしたので、なんとか間に合った」

単純に〝が〟でつなぐよりも、前後の関係性が明確になっているはずだ。

接続助詞の〝が〟は、逆接の場面で使われるばかりか、順接《じゅんせつ》の意味でも使われる、非常に守備範囲の広いツールである。

しかし、その便利さが問題なのだ。

本来2つに切り分けるべき文章を〝が〟でくっつけていたり、別の接続助詞が入るべきところに〝が〟を入れた文章は、よく見受けられる。

もしあなたが接続助詞の〝が〟を多用しているようなら、そこにハサミを入れられないか、あるいは別の言葉に言い換えられないか、考えるようにしよう。

問題は、③の「読者の不安をやわらげる」である。①の「冗長さを避けてリズムをよくする」や②の「意味を通りやすくする」は、長文を切り分ける理由としてわかりやすい。しかし「読者の不安をやわらげる」とは、どういうことなのか。すぐさま理解できるものではないだろう。

まずは次の文章を見てほしい。

うちの近所には、歩いて5分ほどの距離に醤油《しょうゆ》ラーメンの人気店が1軒、自転車で30分ほどの距離にとんこつラーメンの店が1軒あるのですが、私の食べたい味噌《みそ》ラーメンの店はどこにもなく、なにも食べずに我慢しました。

読んでいて、どこか釈然《しゃくぜん》としないモヤモヤが残ったのではないだろうか。ある意味これは、日本語特有の問題だ。

日本語の場合、結論が文章の最後にくる。そのため読者は、長々とした文章の最後まで、書き手がラーメンを食べたのか食べなかったのかわからない。

いや、それどころか「ラーメンを食べること」を語った文章なのか、あるいは「近所のラーメン店を紹介すること」が目的の文章なのかさえ、読み終えるまでわからない。

つまり、**日本語で長文を書いてしまうと「いまなんの話をしているのか」「結論はなんなのか」が不明瞭で、読者は集中して読むのが難しいのだ。**

一方、英語の場合だと、主語の近くに動詞や否定詞がくる。おかげで英文読者は、書き手がラーメンを食べたのか食べなかったのか、あらかじめ理解した上で読み進めることができるわけだ。海外の書物や新聞・雑誌で長文が多用されるのはそのためである。

日本語で、しかも日常文であるなら、不必要な長文はなるべく避けよう。先の文章にしても、次のようにハサミを入れると少しは読みやすくなるだろう。

うちの近所には、歩いて5分ほどの距離に醬油ラーメンの人気店が1軒、自転車で30分ほどの距離にとんこつラーメンの店が1軒あります。でも、私が食べたいのは味噌ラーメンだったので、なにも食べずに我慢しました。

「文章を短くしろ」とは、よく言われるアドバイスだ。

しかし、「そのほうが読みやすいから」と感覚レベルで語られることの多い話でもある。長々とした文章だと、具体的にどんな不都合が生じてしまうのか、ここでしっかりと頭に入れておこう。闇雲《やみくも》に切り刻んでいるのではないのだ。

図に描き起こすことができるか？　映像は思い浮かぶか？

第1講からここまで、口を酸《す》っぱくして〝論理〟の重要性を述べてきた。また、文章における〝面倒くさい細部〟の大切さも、折《おり》に触れて説明してきた。

当然、推敲段階ではこの両者についての確認が必要である。

自分の文章は、どれだけ論理的に書かれているのか。また、どれだけ細部を描写できているのか。簡単なチェック方法を紹介しよう。

まず、論理性のチェックから考えよう。

自分の書いた文章を読んで、それが論理性を保っているかどうか判断するのは難しい。

というのも、自分の書いた文章を読み返すのは、答えのわかっている迷路を進むようなものので、スムーズに読めて当然なのだ。多少強引なロジックに頼っていても、自分から見ると強引だとは感じられず、むしろこれ以上ないほど真っ当な道に感じられる。

そこで自分の文章を読み返すとき、次の問いにチャレンジしていただきたい。

「この文章を、図に描き起こすことはできるか？」

論理的な文章を書こうとするとき、図（絵コンテ）にして考えるとわかりやすい、という話は先にも紹介した。

だったら、**今度は「自分の文章を図にすることはできるか？」と考えるのだ。**

もしも論理的に書かれた文章であれば、その主張や論理展開をシンプルな図に描き起こすことができる。

しかし、支離滅裂な文章だとうまく図にすることができない。矢印がつながらなかったり、順番がおかしかったり、論の展開に必要な要素が欠けていたりする。たとえ自分の眼には論理的に見えたとしても、じつは論が破綻しまくっていることは、大いにありうるのだ。

図解とは、書く前だけでなく、書いた後にも使えるツールなのである。

続いて、細部がどれだけ描写できているかをチェックする方法だが、これは次の問いかけに集約される。

「この文章を読んで〝映像〟が思い浮かぶか？」

ダメな文章を読んでいて、もっともつらいのは「文字だけを追わされること」である。

つまり、その場の情景がさっぱり見えてこないまま、ひたすら感情や抽象的な言葉ばかりが並べられた文章だ。

たとえば、あなたは箱根《はこね》の温泉に行って、その話をブログに書くとしよう。

このとき、「とても気持ちのいい温泉でした」とか「夕食の和牛ステーキもおいしかったです」と書かれても、読者には温泉や食事の〝映像〟が見えてこない。これでは読者は温泉に入ることなどできないし、和牛ステーキを味わうこともできない。

そう、読者はあなたと一緒に温泉に入りたいのだし、和牛ステーキを食べたいのだ。

じゃあ、どうすれば一緒に温泉に入ることができるのか？

〝細部〟の描写である。

つまり、温泉宿は箱根のどこにあって、どんな外観なのか。温泉の広さはどれくらいか、貸し切りなのか、ほかのお客さんもいたのか。温泉の色や温度、そして匂《にお》いはどうだったのか。足を伸ばして入ったのか、歌でも歌ったのか。露天風呂からどんな風景が見えたのか、月のひとつでも見えていたのか。

こうした〝面倒な細部〟を描写することで、ようやく映像が浮かんでくるのだ。**そして映像さえ浮かんでしまえば、もう「気持ちよかった」なんて月並みな感想を書く必要はなくなる。**温泉の姿も温度も味も匂いも、読者はちゃんと〝体感〟できている。すでに読者は温泉に入っているのである。

行き詰まったらフォントを変えてみる

文章を書きながら行き詰まってしまったとき、あなたはどうしているだろうか？

そのままパソコン画面と睨《にら》めっこしていても、まず打開策は見えてこない。眼が疲れ、肩が凝り、息が苦しくなっていくだけである。

かといって作業を放り出し、テレビやゲームなどで息抜きするというのも、あまり得策《とくさく》とはいえない。いい気分転換にはなるだろうが、心のスイッチを完全にオフにしてしまうと、今度はスイッチを入れるのに苦労する。

そこでおすすめしたいのが、**行き詰まったらいったん書くのをやめて、文章を最初から**

読み返すことだ。つまり、簡単な推敲をするわけである。

もっとも、文章が行き詰まるたびにプリントアウトして赤ペンで修正を入れていくのは、面倒くさい作業である。かといって、そのままパソコン画面上で読み返しても身が入らないというか、推敲の気分にならない。

じゃあどうするかというと、次の3つを行うといい。

①文章を別のワープロソフトにコピー&ペーストする
②文章のフォントを変更する
③縦書き・横書きを変更する

たとえば僕の場合、普段はMac用の「iText Pro」というテキストエディタで原稿を書いている。フォントはゴシック系の「ヒラギノ角《かく》ゴシック」。どんなに長い文章でも（たとえばこの講義の原稿も）画面上では横書きで書く。このあたりは人それぞれ好みや慣れがあるだろうし、自分の好きなスタイルを選ぶといいだろう。

そして行き詰まってくると、原稿をマイクロソフトの「Word」にコピー&ペーストする。さらにフォントを明朝《みんちょう》系（たとえばＭＳ明朝）に変えて、文字組《もじぐみ》を縦書きに変更する。「ワープロソフトの変更」「フォントをゴシック系から明朝系へ変更」「横書きを縦書きに変更」と、見た目を完全に変えてしまうのだ。

こうすると、視覚的にまったく別角度から眺められるようになり、自分の文章に対してかなり新鮮かつ客観的に向き合うことができるようになる。

もちろん、ここで発見した修正箇所はその場で修正して、その後もとのテキストエディタ（ワープロソフト）にコピー&ペーストするわけである。

現在では、インターネット上に無料のテキストエディタやワープロソフトが多数出回っているので、新たな出費も必要ない。通常使っているワープロソフトとは別に、もうひとつのワープロソフトを入手しておこう。

なお、書き終えたときの推敲でも「①通常のワープロソフト→②別のワープロソフト＋別フォント&別の文字組→③紙にプリントアウトしての最終推敲」という順番をとると、見落とし・読み落としをかなり軽減することができる。

推敲で「画面上で確認してから紙で再確認する」という人は多いと思う。

しかし、その間にもうひとつ**「別のワープロソフト＋別フォント&別の文字組で確認」**

という小さなステップを入れると、紙段階での修正も少なくてすむし、かえって効率的になるはずだ。

1回ではダメ。2回は読み返す

先に「推敲とは過去の自分との対話だ」と述べた。昨日書いた文章を読み返すとしたら、それは「いまの自分」が「昨日の自分」と対話するようなものなのだ、と。

そして「いまの自分」から見て、おかしいと思う箇所を修正したり、足りないところを補ったり、いろいろと手を加えていくのが推敲作業というわけだ。

しかし、ここには大きな矛盾《むじゅん》がある。

文章という要素を抜きにして考えてほしい。いったい「いまの自分」が正しくて、「昨日の自分」が間違っているという保証はどこにあるのだろうか？

どうして「いまの自分」は一方的に、こっちが正しいとか、これは間違っているとかの判定を下すことができるのだろうか？

もしかしたら「昨日の自分」のほうが正しい場合もあるのではないか？

ある意味、これは欠席裁判のようなものだ。「昨日の自分＝書き手」には、いっさいの反論権がない。推敲する「いまの自分＝読み手」がカラスは白いと言ったら、白になってしまうのである。

実際の話、推敲はよほど熟達《じゅくたつ》した人間が行っても、かなり気分に左右されるものだ。体調によっても「いい／悪い」の判断は変わるし、たとえば気になる箇所があったとしても、それをどんな言葉に修正するかなど、正解はないに等しい。

作家やライターの場合、ここに編集者という〝読者〟が入ってくれることで、ある程度の客観性が保たれる。ぼくがお付き合いさせていただいている優秀な編集者たちは、ひとりの例外もなく並外《なみはず》れた目を持つ〝読者〟である。

そこで、**近くに家族や友人など気のおけない〝読者〟がいるのなら、一度読んでもらい、率直な感想を聞かせてもらうといいだろう。**たとえ普段はほとんど本を読まないような〝読者〟であっても、その意見にはなにかしらのヒントが隠されているはずだ。

このとき、よくあるのが読んでくれた人から批判や指摘をされたとき、ムキになって怒り出す、というパターンだ。

つまり、「この一文の意味がわからない」と指摘されて、「お前はなにもわかってない、この一文にはこんな意味があるんだ」と反論するわけである。

はっきり言おう。

言葉で反論しなければならないということは、それだけ言葉が足りていないのだ。

もし「この一文にはこんな意味がある」と反論するのなら、「こんな意味」を文中に書けばいい。書けていないことを棚《たな》に上げて怒っても意味がないのである。

では、近くに〝読者〟がいない場合はどうするか?

特にメールやブログといった個人的な文章の場合、事前に読ませる〝読者〟を探すほうが難しい。

そのときは「昨日の自分」でも「いまの自分」でもない、もうひとりの自分を〝読者〟とすることだ。

つまり「明日の自分」に読ませるのである。ひょっとしたら、「いまの自分」がAと思っていることについて、「明日の自分」はBと思うかもしれない。そして、AとBのどちらが正しいのかは、誰にもわからない。無論、ここでの昨日や明日とは便宜上の話で、1時間のうちにすべてを済ませてもかまわない。

実際、出版の世界でも「初校《しょこう》」「再校《さいこう》」といって、最低でも原稿を2回に分けて出力し、日を置いて読み返すことが一般的になっている。

本来は「初校での修正が正しく反映されているか?」をチェックするのが再校の役割なのだが、この段階で初校では見つけられなかったミスを発見したり、初校で修正した部分を再修正したりと、もう一度手を入れていくことが多い。

たとえ日常的なメールであっても、同じようなステップを踏むべきだろう。

つまり、**書く自分、読み返す自分、もう一度読み返す自分、と3人の自分によって文章をチェックしていくのだ。**

文章に対する印象は、読めば読むほど変わってくる。ぼく自身も原稿が記事になったり、本になったりするたびに「ああ、ここをこう直せばよかった」と後悔する。そして数ケ月後に読み返すと「なんだ、なかなか面白いじゃないか」と再評価したりする。

読み手としての自分とは、よくも悪くもその程度のものだ。最低でも2回は読み返す習慣を身につけよう。

「いい文章」とはなにか

さて、そろそろ講義も終了である。

ここで記憶の針を巻き戻して、ガイダンスで述べた「書こうとするから、書けない」「書こうとするな、翻訳せよ」という言葉を思い出していただきたい。

文章術の講義で「書くな!」とは、われながらかなり乱暴な話である。

しかし、おそらく「話し言葉から書き言葉へ」という作業の意味も理解できたのではないだろうか。

講義のなかでも少し述べたが、ぼくは大学でなにかしらの文学論を学んだわけでもないし、ライター講座に通った経験もない。せっかく入った出版社も、たった10ヶ月で辞めてしまった。そこからずっとフリーランスの立場でライターを続けている。

つまり、**本講義で述べた文章論・文章術は、すべてぼくが〝現場〟で身につけた実学であり、机上の空論はひとつとして語っていないと断言できる。**

そこで本講義を締めくくるにあたって、ひとつだけ言っておきたいことがある。

文才、あるいは才能についての話だ。

これは文章に限った話ではない。いまなにかしらの夢を追いかけている人、なかでも「自分に才能はあるのか？」と自問自答している人には、ぜひ聞いていただきたい。

才能とはなにか？

天賦《てんぷ》の才能という言葉があるように、そもそも才能とは先天的なものであり、最終的には「ある」「なし」の二元論に行き着いてしまうものだ。ある人にはあるし、ない人にはない。それが才能というものだろう。

そしてもし、「自分には才能がない」となった場合、どうなるだろうか？

諦めの材料にしかならない。

はっきりと言っておこう。

自らの才能を問う人は〝諦めの材料〟を探しているだけだ。もっと言えば夢をあきらめる〝言い訳〟を探しているのだ。なぜなら、本当の〝天才〟は「自分に才能はあるのか？」などと考えない。あなたが本当に〝天賦の才〟を持っているのなら、自らの才能など1ミリも疑うことなく、ひたすら前に進んでいるはずだ。

それを踏まえた上で、ぼくは断言する。

いい文章を書くのに、文才などまったく必要ない、と。


いったい「いい文章」とは、どんな文章を指すのか？

ぼくの答えはシンプルだ。**「いい文章」とは「読者の心を動かし、その行動までも動かすような文章」のことである。**

読む前と読んだあとで、読者の心が変わり、できれば行動までも変わっていること。それがぼくの考える「いい文章」の条件である。

たとえば、「銀座のカフェでおいしいサンドイッチを食べた」というブログ記事で、読者にサンドイッチの味をイメージさせ、「自分もその店に行きたい！」と思わせること。そして実際に時間とお金をかけて足を運ばせること。あるいは自宅でサンドイッチをつくらせること。食べた事実を伝えるだけでは、いい文章とは言えない。読者を動かしてこそ、いい文章なのだ。

じゃあ、どうすれば読者を動かすことができるのか？

まず必要なのは、自分の〝思い〟を知り、それを「言葉だけ」で正しく伝えることである。自分はなにを伝えたいのか、読者になにを求めているのか、そのためには〝思い〟をどんな形にして伝えるべきなのか——。

本講義で長い時間をかけて述べてきた〝翻訳〟とは、まさにこの作業である。頭のなかの「ぐるぐる」、文章のリズム、論理展開、構成、読者の目線、そして編集。たくさんのことを語ってきた。

あえて隠さずに言うと、ライターとしてのぼくは、文章の才能をほめていただく機会も多い。しかし、ぼくは自分に特別な才能があるとは思っていないし、あやふやな勘やセンスに頼ることなく、確かな技術に基づいて書いていきたいと思っている。自分がなにを書き、なぜそう書いたのか、論理の言葉で説明できるライターでありたいと思っている。

同様に、本講義のなかで勘やセンスが問われるような話はいっさいしていないはずだ。**文章に臨む意識を変え、いくつかの簡単なルールや技術をマスターすることだけを求めてきた。**何度でもくり返そう。いい文章を書くのに文才などまったく必要ない。必要なのは〝翻訳〟の意識と技術だけだ。

さて、講義形式で書かれた本書の読者は「あなた」である。

つまり、読者である「あなた」の心が変わり、行動が変わったとき、「あなた」が動いてくれたとき、ようやく本書は完結することになる。

書くための意識、技術、考え方については、もう十分すぎるほど述べたつもりだ。

才能や文才など気にすることなく、すぐにでも最初の1行を書きはじめていただきたい。

その一歩が、講義終了のチャイムなのだ。

No.

Date

第4講のまとめ

右手にペンを、左手にはハサミを

・推敲とは、ハサミを使った〝編集〟である。

書きはじめの編集

・「なにを書くか？」ではなく、「なにを書かないか？」。
・頭のなかの「ぐるぐる」を可視化する。
→〝ある傾向を持つキーワード〟と〝それ以外のキーワード〟の両方を紙に書き出してみる。
・いつも「疑う力」を忘れずに、文章と向かい合う。

書き終えてからの編集

・推敲とは「過去の自分との対話」である。
・最大の禁句は「もったいない」。
・長い文章を見つけたら、短い文章に切り分ける。
・論理性をチェックする方法。
→この文章を、図に描き起こすことはできるか？
・細部がどれだけ描写できているかをチェックする方法。
→この文章を読んで〝映像〟が思い浮かぶか？
・「身近な他人」「いまの自分」「明日の自分」に読ませる。

いい文章を書くのに〝文才〟はいらない

・才能を問うのは「言い訳」。この本を読み終えたら、とにかく書こう。書くことで、読む人の心を動かそう。

おわりに

以上で講義は終了である。

かなり濃密な講義だったのではないだろうか。最後までついてきてくださった読者の方々に、まずは感謝を申し上げたい。

本書の執筆中、何名かの友人にこんなことを聞かれた。

「その本であんまり手の内をさらしてしまったら、みんなに真似されるんじゃない？」

「それで本当にみんなの文章力が上がったら、特に若いライターさんたちが力をつけていったら、仕事を奪われるんじゃないの？」

おそらく、今回の講義をしっかり受け止めてくださった方々なら、この指摘に隠された間違いに気がつくはずだ。

たしかに、本書のなかでぼくはいっさい出し惜《お》しみすることなく、文章に関する自らの考えを述べた。

自分がどうやって書いているのか、自分はこれまでのライター生活でなにを発見したのか、包み隠さず書いた。もちろん、まだまだ語っていない小手先のテクニックは残っているが、それはしょせん小手先の話だ。幹《みき》となる部分については、ほぼすべて書き尽くしたと思っている。

そう、ぼくは「書いた」のだ。

ガイダンスで語った言葉をもう一度思い出してほしい。

今回ぼくは、自分の頭にあった言葉以前の「ぐるぐる」に光を当てて、言葉を与えた。論の軸を設定し、話の流れを組み立てた。切るものは切って、補足すべきは補足した。自分のなかでぼんやりと思い浮かべていた「自分の考える文章論」を、明確な文章としてアウトプットしていった。

書きながら大いに勉強になったし、たくさんの気づきを得ることができた。これは「書いた人」だけに与えられる特権である。

もちろん、本書で述べてきた考えをひとりでも多くの人と共有したいと、心から願っている。若手ライターの方々が参考にするというのなら、どんどん参考にしていただきたい。

何度も熟読して、ぜひ自分のモノにしていただきたい。

それでもなお、「書く」というプロセスを通過した人間とそうでない人間とでは、対象についての理解度がまったく違うのだ。おそらく今後のぼくは、本書の執筆を通じて得た知《ち》見《けん》を元に、これまでよりずっと面白く充実した文章を書けるようになるだろう。ぼくが文章を〝武器〟呼ばわりしているのは、そういうことである。

だから、もう一度だけ言わせていただきたい。

書こう。

読むのもいいが、とにかく書こう。学生時代にどれほど作文が嫌いだった方でも、ここまで読み通されたのなら、もう書けるはずだ。１４０文字のつぶやきでもいい。とにかく書いてみよう。

自分はどんな人間なのか。自分はどこにいて、なにを思い、なにを大切にしているのか。その思いを誰に伝えたいのか。書かないことには「ぐるぐる」は晴れない。書くことで答えを探していこう。

もともと本書の内容は、星海社新書ウェブサイト『ジセダイ』に、「ライター古賀史健に聞く、文章の書き方」というインタビュー形式で掲載される予定だった。しかし、その打ち合わせの席で、星海社新書・柿内芳文編集長に「この内容をインタビューで終わらせるのはもったいない。本にしましょう！」ともちかけられ、急きょ執筆する運びになったものである。

なかなか筆の進まないぼくを最後まで根気強く支え、いつも的確な指摘をしてくださった柿内編集長には、心から感謝している。柿内さん、どうもありがとうございました。

また、数ある文章術のなかから本書を手に取ってくださった読者の方々にも重ねてお礼を申し上げたい。本書がみなさまの「書く力」と「書く意欲」を少しでも刺激するものになったことを願って。どうもありがとうございました。

２０１１年12月　古賀史健

星海社新書9

20歳《にじゅっさい》の自分《じぶん》に受《う》けさせたい文章講義《ぶんしょうこうぎ》

二〇一二年 一 月二五日 第 一 刷発行
二〇二五年 二 月一七日 第三四刷発行

著者 古賀史健《こがふみたけ》

発行者 太田克史《おおたかつし》
編集担当 柿内芳文《かきうちよしふみ》
編集副担当 岡村邦寛《おかむらくにひろ》

発行所 株式会社星海社
〒一一二-〇〇一三
東京都文京区音羽一-一七-一四 音羽YKビル四階
電話 〇三-六九〇二-一七三〇
FAX 〇三-六九〇二-一七三一
https://www.seikaisha.co.jp

発売元 株式会社講談社
〒一一二-八〇〇一
東京都文京区音羽二-一二-二一
(販売) 〇三-五三九五-五八一七
(業務) 〇三-五三九五-三六一五

印刷所 TOPPAN株式会社
製本所 株式会社国宝社

ブックデザイン 吉岡秀典《よしおかひでのり》(セプテンバーカウボーイ)
フォントディレクター 紺野慎一《こんのしんいち》
校閲 鷗来堂《おうらいどう》

ISBN978-4-06-138510-8
Printed in Japan

JASRAC 出1117196-434

9
SEIKAISHA SHINSHO

星海社新書ラインナップ

30　投資家が「お金」よりも大切にしていること　藤野英人

人生で一番大切なカネの話をしよう

お金について考えることは自らの「働き方」や「生き方」を真剣に考えることと同義です。投資家・藤野英人が20年以上かけて考えてきた「お金の本質とは何か」の結論を一冊に凝縮。

50　夢、死ね！ 若者を殺す「自己実現」という嘘　中川淳一郎

“ありのまま”では、メシは食えない！

本書は、叶わぬ夢になど頼らない、地に足の着いた仕事論である。さあ諸君、自己実現に悩むのをやめ、「夢を諦める日付」を手帳に書き入れよう。仕事は元来、くだらないものなのだから。

83　大塚明夫の声優塾　大塚明夫

埋没するな！馬群に沈むぞ！

一夜限り、“本気”の人たちだけを集め行われた声優塾。大塚明夫本人が全国から集まった16人の生徒と対峙したその貴重な記録を一冊に凝縮した、実践的演技・役者論！

SEIKAISHA SHINSHO

次世代による次世代のための

武器としての教養
星海社新書

星海社新書は、困難な時代にあっても前向きに自分の人生を切り開いていこうとする次世代の人間に向けて、ここに創刊いたします。本の力を思いきり信じて、**みなさんと一緒に新しい時代の新しい価値観を創っていきたい。若い力で、世界を変えていきたいのです。**

本には、その力があります。読者であるあなたが、そこから何かを読み取り、それを自らの血肉にすることができれば、一冊の本の存在によって、あなたの人生は一瞬にして変わってしまうでしょう。**思考が変われば行動が変わり、行動が変われば生き方が変わります。**著者をはじめ、本作りに関わる多くの人の想いがそのまま形となった、文化的遺伝子としての本には、大げさではなく、それだけの力が宿っていると思うのです。

沈下していく地盤の上で、他のみんなと一緒に身動きが取れないまま、大きな穴へと落ちていくのか？　それとも、重力に逆らって立ち上がり、前を向いて最前線で戦っていくことを選ぶのか？

星海社新書の目的は、**戦うことを選んだ次世代の仲間たちに「武器としての教養」をくばることです。**知的好奇心を満たすだけでなく、自らの力で未来を切り開いていくための〝武器〟としても使える知のかたちを、シリーズとしてまとめていきたいと思います。

2011年9月

星海社新書編集長　柿内芳文

SEIKAISHA
SHINSHO